찔레꽃 꽃그늘 속으로

현대수필가100인선 · 68

찔레꽃 꽃그늘 속으로

김용옥 수필선

좋은수필사

▒ 책머리에

수필은 누구나 부담 없이 읽고, 마음만 먹으면 직접 쓸 수도 있는 가장 친근한 문학이다. 다른 영역의 문학이 영상매체에 밀려 신음하고 있는 중에도 수필 인구만은 날로 증가하여 바야흐로 수필 전성시대를 구가하고 있는 이유도 거기에 있을 것이다.

시대적 추세에 힘입어 수많은 수필전문지, 수필동인지가 창간되고, 이에 비례하여 신진 수필가도 날로 늘어나다 보니 이제는 그 많은 작가, 그 많은 작품 중에서 문학성 높은 작품을 가려 읽는 일이 쉽지 않게 되었다. 이런 현상은 작가에게나 독자에게나 결코 바람직한 일이 아니다. 더 나아가서는 수필을 연구하는 후세들에게도 큰 부담이 될 것이다.

이런 문제를 해결하는 데는 출판인도 마땅히 한몫을 감당해야 한다는 평소의 소신에 따라, 본사가 기꺼이 그 역할을 맡기로 했다. 그 첫 번째 사업으로 시대를 대표할 만한 수필가 100인을 선정하고, 작가가 자선한 40편 내외의 작품을 수록한 문고본을 발간하여 이를 널리 보급함으로써 그 소임을 다하고자 한다.

본사는 사명감을 가지고 이 사업을 추진해 나가기로 했다. 작가 선정을 전담할 편집위원회를 구성하고 전권을 위임하여 일체의 사적인 정실이나 청탁을 배제함으로써 전문성과 공

정성을 확보해 나갈 것이다.

따라서 이 기획물 속에는 작가의 문학정신뿐만 아니라, 본사의 문학사적 기여 의지와 편집위원 제위의 수필문학에 대한 애정과 문인으로서의 양심이 함께 담겨 있음을 자부한다. 다만, 작가를 선정하는 기준에는 많은 견해의 차이가 있을 수 있고, 선정 과정에서도 미처 챙기지 못한 부분이 있을 것이라는 사실만은 인정하지 않을 수 없다. 이 점에 대해서는 관계자 여러분의 양해 있으시기 바란다.

이 시리즈의 발간 순서는 작가, 또는 본사의 사정에 의한 것일 뿐 그 밖의 어떤 기준도 적용하지 않았음을 밝힌다.

본 기획물이 시대를 초월한 많은 수필 애호가들의 관심과 애정 속에 우리나라 수필문학 발전에 한 이정표가 되기를 바랄 뿐이다.

2010년 9월

좋은수필 발행인 서 정 환
현대수필가 100인선 간행 편집위원 박 재 식 최 병 호
정 진 권 강 호 형
변 해 명

1_부

2_부

3_부

4_부

둘둘둘둘 구구구구
꽃비린내 난다
적막이여 안녕?
눈 쌓인 벌판에 혼자서 서라
꽃잎돈
달다 달다 달다
음악이 나를 뚫습니다

둘둘둘둘 구구구구

지구상에 인류 출현 이후 얼마나 많은 날들이 지나갔을까? 가장 오래된 두개골 발견에 의하면 350만 년에 365일을 곱해야겠지? 그렇다면, 얼추 1억2775만 날이 흘러갔다.

그동안 내내 우주 처처에 절대시간은 존재하고 있었고 앞으로도 주욱 있을 터이지만, 인간은 지知가 발달하자 해와 달을 기준 삼아 표준시간을 만들었고, 시간을 단위로 공평하고 편리한 자연의 법칙에 따라 살아가고 있다. 해가 돋아서 환하다가 해가 지고 어둠이 내리고 달 비치면 안식의 눈을 감고 죽음처럼 잠들었다가 태양이 다시 떠오르면 살아나기 시작하니, 비로소 '하루를 살았노라'고 한다. 그러나 우주역사의 시간으로 헤아려본다면, 어쩌면 인간의 일생인 생로병사란 한 순간의 순환과정에 지나지 않을지도 모른다. 그러나 인간은 어느새 하루,

한 달, 일 년 등 표준시간 주기에 길들여질 대로 길들여져 시간 따라 살아간다. 나도 그렇게 관념적 시간에 습이 되어 21세기의 문턱까지 걸어왔다. 허, 시간이 간다는 건 살았다는 거고 또한 죽어가고 있는 건 줄을 알지만 시간을 정지시킬 수가 없다. 다만 시간을 건널 뿐.

2002년 2월 22일 오후 2시 21분을 내가 건너가고 있다. 시간은 아무런 발자취가 없이 공空이고 허虛다. 그런데도 인간은 사회적 동물이므로 표준시간이 가리키는 시간에게 통제 당한다. 시간에 따라 생활습관과 양식이 변하기도 한다. 지금, 완산 칠봉의 서쪽자락에 고즈넉이 앉아 있는 안행사 경내를 산책하며 모바일 폰의 디지털시계를 바라보며 전화를 건다. 그새 깜빡 깜빡, 22분 22초가 된다. 내가 살아있는 시간 중에서 '2'자가 가장 많이 줄줄이 들어있는 날 2002년 2월 22일 햇빛 찬란한 오후 2시 22분 22초!

"도원스님, 어쩌면 생애에 짝수 2가 가장 많이 들어 있는 시간 2천2년 2월 22일 지금은 2시 22분 하고도……."

"막 22초네요. 잘 사시게요!"

"누구에게나 공평하게 주는 시간이지만, 이자 붙여가며 쓰고 살게요."

이렇게 수많은 날들 중의 한 날이 의미 있는 시간이 되었다. 생애에 한 토막 특별한 의미, 특이한 추억을 장만한 것이다. 인간이, 자기가 산 모든 날들을 기억할 수는 없으니까. 2라는 숫자의 겹치기가 아름다운 얘기를 남겼다.

수數는 아름답고 슬기롭다. 0, 1, 2, 3, 4, 5, 6, 7, 8, 9. 만물의 과학적인 척도 수. 허공과 유한대와 무한대를 표현할 수 있는 수. 철학적이고 미학적인 수. 수의 경제적 계산법엔 둔하지만 수는 내 삶의 의미부호이며 놀이도구이기도 하다.

0은 곱하기만 하면 아무리 거대한 수라도 0으로 만든다. 욕심이 들끓으면 나는 욕망에 얼른 0을 곱한다. 완전한 포용이고 동시에 공空이다. 나는 허욕에서 해방되고 자유로워진다. 0은 언제나 나에겐 수행과 도道의 수다. 그런가하면 홀로 완전하며 절대인 수 1은 언제나 나 자신을 의미한다. 곱하기나 나누기는 천만 번을 해도 소용없고 더하기와 빼기만 허용된다. 나에게 한 가지씩 더하며 태산泰山의 내가 되기도 하고, 하나씩 버리고 비우며 철인哲人이 되기도 한다. 마지막 한 숟가락의 밥에 배부르며 한 섬을 더하면 99섬 가진 자의 욕망을 충족시킨다. 천릿길도 한 걸음부터 시작하고, 길어 100년을 사는 인생도 제1일부터 쌓인다. 1은 시작이며 동시에 완성을 이루게 하는 수다.

1이 나라면 2는 너다. 네가 있어야 사랑은 완성된다. 그래서 2는 생명체의 짝수요 인화人和의 수다. 2인칭 없는 세상은 살맛 없다. 절대고독은 어떤 2인칭과도 완전히 합일할 수 없음에서 깨달은 고독이다. 어머니의 태내에서 절대고독을 깨달을까?! 푸후. 그 세상살이엔 구경꾼인 제3자가 꼭 있어야 한다. 구경꾼 없는 인생극을 무슨 재미로 연기하며 살 수 있으랴.

그 3은 조화의 수요 진리의 수다. 천지인, 불법승, 성부 성자 성령의 삼위일체를 의미하는 수요 지정의, 진선미의 수다. 또 양극의 경계를 가로질러 타협과 소통의 다리가 되는 생각이 놓인 정반합, 삼단논법도 3단계로 완성된다. 그뿐인가. 바흐, 베토벤, 브람스 3B는 영혼의 위로자요 3익우益友는 사회의 소금이다. 재財, 법法, 무외無畏의 3보시布施를 행하고 덕德, 공功, 언어言語는 3불후不朽임을 명심하고 살아야 한다.

4는 만물의 형상을 포용하는 공간을 나타내는 4방위의 숫자요 완성을 의미하는 수다. 삼위일체에 아我를 합하여 비로소 우주실체를 완성한다. 내가 없으면 천지인인들 성부성자성령인들 무엇에 쓰는 사상이며 존재가치이겠느냐. 네잎클로버처럼 3에 나 1을 합한 4는 비로소 완성수다. 나 없으면 우주대자연이 헛되고 쓸데없다. 5, 6, 7, 8,은 1, 2, 3, 4를 요령껏 합하면 만들어지는 수들. 있어도 그만 없어도 그만일지도 모르는 수다.

그런가하면 9는 다분히 동양적인 수다. 동양인의 느긋하고 따스한 9푼철학은 서양사고보다 인간적이다. 완벽보다는 여지 또는 여유, 빈자리를 남겨두고 기대한다. 인간은 늘 미완성의 존재이지 아니한가. 그렇더라도 9는 스스로 가장 큰 수다. 그래서일까. 아홉수에 걸쳐지는 나이는 소위 삼재고개로 조심스레 건너야 한다. 꽉 찬 것은 기울기 마련이지 아니한가. 노름판에서야 아홉 끗 가보를 잡으면 으쓱하지만, 인생이 잡기일 리 만무하니 9에 현혹될 건 없다. 수는 곧 사색이고 인생철학이고 생활지수다.

나는 이따금 추억의 숫자를 더듬으며, 추억속의 사람들을 위해 기도한다.

1999년 9월 9일 밤 9시 9분 9초. 이승에 필연의 인연이 예정된 이들이 소심란 난화주를 마신다. 부드럽고 다사로운 연주홍 촛불빛 속에서. 그들의 눈망울마다에서 아주 예쁜 촛불이 흔들리고 있다. 그들의 술잔마다에서 소심란화가 흔들리고 있다.

"우리의 우정은 깊게, 문학의 이상은 높게, 오늘의 만남은 천년 후에도!"

아침놀 같은 빛이 어슴푸레한 카페 '아름다운 이방인'을 둥글게 어루만지고 있다. 초가을의 약비가 조록조록 내리는 목요일 밤이었다.

'아름다운 이방인'엔 인간적 관계의 만남이 있었다. 사르트르는 카페에 앉아 글을 썼다고 하지만, 보통사람인 우리는 허전한 내면을 채우기 위해 카페에 앉는다. 젊을 적엔 열정과 신념과 목적을 세워 살아가기 시작하지만, 한참 생활인이 되어버린 우리는 거의 다 창녀와 같아진다. 몸을 맡기고 쓸개 간을 빼어주고 생활비를 벌어야 하니까. 그리고 그 허전한 내면－쓸개 간을 빼어주었으니까 ㅋㅋㅋ－을 채우려고 저녁나절에 이따금, 세상의 다른 공간에 앉아 보는 것이다. 이방인이 되어 보는 것이다.

그곳에선 술이 밥보다 맛나다. 무겁디무거운 대낮의 짐을

主酒를 만나 主酒 안에서 내려놓고, 밥을 위해 죽인 자기를 되살려낸다. 각혈하던 저녁놀마저 눈을 감고, 지상의 전등불이 화려한 유혹의 은하수를 깔면 대화하고 싶은 사람이 그리워진다. 그리우면 만나고 만나진다.

그날에도 어우렁더우렁 어우러져야 하는 한낮의 나들이를 끝내고 제멋대로 약속도 없이 발길 닿아 모여든 곳이 '이방인'이다. 신록이 열여섯 춘향이 같은 오월 어느 날이었다. 둘러앉은 화안和顏이 모두 춘향春香에 젖어 있다. 우리는 엄마 앞에서 짝짜꿍하듯 이 일 저 말을 화기애애하게 나누며 의기상통했다.

"정말 좋은 사람들이다, 우리. 모임 만들어 다달이 만나자."

"오월동인이라고 하면 어떨까?"

이구동성, 감정고조, 주기탱천, 열정발화 중이다.

"요즘사람들, 모임이 넘치지 않아요? 그냥 오늘처럼 우연히, 문학적으로 만나자."

무슨 수로? 언제쯤? 어떻게? 누구랑? 어른은 꿈꾸기를 잃은 자다.

"지금은 1999년 오월. 어, 초가을 9월 9일 어때요? 아침엔 일터에서 놀고 밤 9시 9분에 만납시다. 기억하고 약속을 지키는 자에겐 복 있을 지어다."

우리들의 약속은 챙, 술잔의 부딪힘으로 이뤄졌다.

그리고, 젊은이의 객기 같은 태양열과 태풍의 성하가 가고 9월이 왔다. 하루하루 해가 저물기를 기다리는 설렘이 고양이의 발걸음같이 가벼이 가슴을 밟고 간다. 기다림 속에서 나는, 집안을 향기로이 흔들던 소심란 꽃송이로 담근 난화주를 챙기고, 아름다운 후배 진숙이가 바티칸성당에서부터 나를 생각하며 소중하게 안고 온 초를 챙긴다. 9일 오후엔 들깨송이를 튀기고 호박씨와 해바라기씨를 볶고 자잘한 안주거리를 챙겼다.

약속을 기억할까? 약속을 지킬까? 약속은 지키라고 있는 거고 작은 일에 신실한 사람이 진실한 사람이지! 추억은 스스로 아름답게 만들어야지 누가 쥐어주는 게 아니지! 째깍째깍 시간이 바삐 흐르기 시작했다.

오후 7시 즈음부터 김장거리 채소에 꼭 필요한 가을비가 실실이 내리기 시작했다. 약간 서늘한 가을비가 이 날의 약속을 기억하는 사람의 감성을 촉촉하게 부추길 수도 있겠구나, 생활인의 메마른 계산법으로 귀찮은 장난말쯤으로 치부하게 될 수도 있겠지, 그런 생각이 오간다. 그리고 거세어진 밤의 빗길을 지나 9시에 '아름다운 이방인'에 나는 섰다. 그리고 우리는, 9시 9분 9초에 촛불의 빛에 감싸여 난화주를 높이 들었다.

"천 년 후 2999년 9월 9일, 밤 9시 9분에도 우리 함께할 지어라."

"누님, 그땐 초록별 안드로메다 성에서 만납시다."

"천 년 후의 해후를 꿈꿀 줄 모른다면 예술을 하지 말아야지요."

"천 년 전 999년은 고려시대, 동성애자 목종 때였지. 아름다운 여인들과 둘이 한몸이 되지 못하여 자식도 생산하지 못한 왕이죠. 그때 어느 못다 푼 사랑의 영혼이 내게 씌었기에 가슴

아픈 시인이 되었는지 몰라. 지금 이 땅에서 피 질질 흐르는 고난과 멸시를 벗고 부활한 내 21g의 영혼은 천년 후에는 음악의 혼으로 꽃피어날 것을 믿고 싶어."

상기한, 고요한, 아늑한 얼굴 얼굴들이 미쁘다.

한 날이 가고 가버린 시간은 되돌아오지 아니한다. 그러나 아름다운 시간 1999년 9월 9일 밤 9시 9분 9초는 절대시간으로 정지되었다. 우연히도 우리 9인－소설가 김상휘, 대금산조 명인 강정렬, 시인 이현애, 수필가 임숙례, 수필가 이숙자, 시인 심옥남, 수필가 김연주, 수필가 나희주, 시인 김용옥－은 취했다. 동석한 한 사람 한 사람의 정신에, 난화주에, 촛불에, 천년 후로 날아가는 영혼에.

시간과 공간과 사람의 만남은 필연으로 이루어진다. 두 번 다시 반복될 수 없는 시간이 맺은 인연. 우주공간에 먼지 같은 너와 내가, 우주생성 역사의 티끌 같은 시간 속에서 어떻게 만났을까! 필연이다.

먼 먼 훗날 천 년 후, 나는 어느 시인의 가슴에 뿌리내려 붉은 꽃으로 피어라. 너는 어느 마법의 손가락에서 흐느끼는 가락으로 돋아라. 2999년 9월 9일의 밤 9시에 지구를 멀리 그리워하는 천태성 초록빛으로 비치어라.

꽃비린내 난다

보라, 어느새 꽃비린내 나는 여자를 보라.

인생길 한중턱에 느닷없이 끼어들어 빛이 되어준 사랑, 사랑은 어느 순간에 성큼 다가왔다. 사랑에선 꽃비린내가 났다.

사랑은 뭔가 시적인 것을 담고 있다. 봄비가 내리는 저녁이나, 오동잎이 떨켜에서 뚝 떨어져 스걱스걱 스쳐 구르는 가을 해거름에, 간잔조롬하게 눈을 내려뜨고 그의 숨결과 내음을 살며시 들이쉬게 한다. 사랑은 깊은 우물물처럼 상당히 고전적이면서도 어린애의 살과 같아서 어느새 부드럽고 아름다워지는 여자를 보라.

어른이 되어갈수록 복잡해지며 복잡하게 사는 것을 쉽게 하는 어른. 그래서 어른이 될수록 단순하기가 어렵고 그만큼 사랑에 빠져 솔직하게 몰입하기가 힘들다. 그러나 인간으로 하여 죽을 만치 절망하고 외로워 보라. 그리고 비로소 사람을 바라보라. 그때에 상처를 이긴 사람에겐 잃어버린 눈물 같은 사랑이 보인다.

처녀시절의 사랑은 뿌리 없이 꺾어다 꽂은, 꽃 만발한 꽃가지 같은 것. 환하고 예쁘고 호사스러우나 뿌리 깊지 못하다. 젊을 땐 잘생기고 육체적인 사람이란 흔하다. 대신 인생에 대해서 표피적이고 어리석다. 꼭지만 틀면 쏟아지는 수돗물인 양 오래 참지 못하고 사랑의 완성인 그리움을 모른다.

그러나 삶의 환상과 좌절과 고뇌의 다리를 터덜터덜 건너본 후 여전히 지성과 열정을 간직한다면, 그리고 마음의 작고 섬세한 부분에도 감동받을 수 있는 능력을 가진다면, 마음속 자석이 사랑의 쇳가루를 저절로 끌어당긴다. 힘들게 살아본 사람의 느낌, 좀 살아 봐서 한눈에 전체를 알아보는 눈을 가진 힘, 그 신비로운 힘으로 사랑의 문을 연다. 사랑의 문이란 얼른 알 수 있도록 삐그덕 소리나게 열리는 문이다.

그녀는 꿈이나 이상을 창고의 가장 깊숙한 데다 처박아두고 살았다. 지루하고 무표정하게 굳어버린, 허드렛일에 절어버린 안면의 근육과 살색이었다. 그런 그녀의 표정에 화색이 너울거리고 몸짓은 진달래 꽃내음을 풍기며 연약해진다. 향내를 날리며 그 사람의 어깨에 왼손을 얹고 오른손을 그의 두툼한 손바닥에 대고 블루스를 춘다. 어떤 기교가 아니라 사랑이라는 율법으로 율동하는 그녀의 몸은 그 남자의 심금에 가장 섹

시한 음악이 된다. 너무 오래되어 자기도 잊어버린 자신을 되찾게 하는 사랑. 너에게 내가 되라고 강요하지 않으며, 내가 너일 필요 없으며, 너도 나도 아닌 새로운 존재이게 하는 사랑. 하루 24시간을 일년 8760시간처럼 살게 하는 사랑. 보라, 어느새 무르익는 여자를 보라.

자기에게 있는 것에서 가장 정결한 것을 드리고 제 모습에서 가장 지순한 것을 바치는 사랑. 지나가는 그의 몇 마디로도 그의 인생을 단번에 이해하는 사랑. 오래 전부터 서로를 향해 다가오고 있은 것처럼 느껴지는 사랑. 생활의 갈피마다 문득 끼어들며, 떠올리면 언제나 처음 마음문 열던 그 모습 그대로 거기 그렇게 있는 사랑. 그리워하지 않아도 그리운 사랑.

그녀의 사랑은 조용했다. 고집 없이 쓸쓸한 목소리, 도톰한 살의 느낌, 부드러이 움직이는 동작, 목덜미에 감미롭게 흘러드는 입김만으로도 존 레논의 음악처럼 생활의 가락을 변하게 하는 힘이 있었다. 살 것도 없고 넋 놓고 음미할 것도 없는데 지나다녀야 하는 시장통 같은 일상에 사랑이 곁에 오자, 아무리 바빠도 사랑할 시간은 충분해졌다.

그녀는 그와 함께, 둘이서, 시간을 흘려보냈다. 아니, 혼신 다해 그 시간을 살았다. 낮은 산자락에 에둘린, 텅 빈 호숫가에서. 단내를 품으며 익어가는, 벼이삭을 숙인 풍요의 들판에서. 조명이 저녁어스름마냥 부드러이 조는 조그만 카페에 정물로 앉아, 피로에 지친 정신에게 안식을 주느라고 내려진 속눈썹을 하염없이 바라보며. 그 시간들은 신비한 향기를 마시는 종교의식 같았다.

어느 땐가, 이슬비가 실실이 내리는 오후, 외딴 찻집에 앉아 창밖을 바라보니 앞산이 생활의 슬픔처럼 온통 젖고 있었다.

"저 숲의 초록이 깊어지네요. 고개 깊이 숙이고 들여다본 우물속의 물색처럼 아득해져요……. Blue blue my love is blue……. 쓸쓸한 노래 한 가락이 들려오는군요."

그 말은, '사랑은 사람을 조금 쓸쓸하게 해요. 제 손을 잡아주시어요.'라고 말하는 것이다. 이름이 긴 인생이라는 다리를 건너는 얘기를 하지만 수다스럽지 않게 짤막하게 말하며, 서로가 같은 방향을 보고 서 있지만 서로의 눈빛과 그 흔들림을 읽고 있듯이 듣는 것이다. 그러면 아무 말도 필요 없이 손과 손이 닿았다. 손끝의 체온이 따뜻한 전류가 되어 온몸에 흘렀다. 그것은 긴 소설을 읽다가 아주 멋진 부분을 다시 읽는 기분이거나, 모든 것을 함축해 드러내는 주요한 어휘에 밑줄을 긋는 일 같았다.

"당신 안에는 너무 많은 것이 들어 있어서, 모두 끌어낼 수도 없고 내가 들어설 수도 없어요. 그래서 당신을 송두리째 내 안에 품어버렸어요."

그녀는 열중해 읽던 소설의 끝을 접어 가슴에 그 책을 안듯이 덥석 사랑을 이해했다. 사랑은, 아주 작고 단단한 몇 톨의 설탕가루가 그의 손과 입술로 솜사탕으로 변화되는 일이다.

보라, 어느새 꽃구름이 되는 여자를 보라.

대부분 생활은 냉혹한 것. 생활은 그녀에게 꿈과 사랑을 낡은 가방 속에 집어넣고 자물쇠를 덜컥 잠가 구석지에 밀쳐두라 했다. 다시는 어떤 사랑이나 이상을 꿈꿀 수 없는 그때가 오리니, 그 아무것도 할 수 없는 그때에 사랑의 유령을 찾아 제사드릴 때 쓸 위패처럼. 생계수단과 뭇사람과의 동류성과 물질의 혜택이 결코 사랑을 주진 않는다. 생활을 계산적으로 영악하게 잘하는 성인들은 결코 사랑의 향기에 젖을 수 없다. 생활은 사랑을 아귀처럼 먹어 삼켜버리니까. 저 윈저 공은 신비한 감성과 자유로운 영혼을 가졌기에 대영제국의 금빛 찬란한 권좌를 던지고 심슨 부인을 선택하여 사랑을 이루었다. 폭풍우 지나고 더욱 단단해진 땅에 딛은 제 발등을 내려다보며 그녀는 생각했다, 그녀의 감성과 열정이 사장되고 말았는가를.

사랑은 진정 삶의 발화점이다. 사랑은 더위로 땀이 흐르는 몸의 냄새도 괘념치 않으며 남 보기에 우아하거나 고상하지 않아도 괜찮다. 사랑은 이미 상당히 저속하게 아름다운 것이므로. 유치찬란하지만 진지한 진실이므로. 사랑은 풀비린내인 듯 군기난향이나 백련향을 길어 올린다. 그렇다 해도 이승의 사랑은 결코 천상의 복음이나 4차원의 형이상학 놀이가 아니다. 세상을 건너온 만큼 사랑을 잃어버리긴 쉽고, 사랑을 감지하는 천진성의 더듬이는 잘려나가 버린다. 그 무덤 같은 삶과의 결별이 사랑의 힘이다.

복잡하고 요란뻑적지근한 헤비메탈과 자동화기계 돌 듯 단조로운 랩 음악이 우리의 진정한 음악과 사랑스런 춤을 빼앗아 가는 시대. 컴퓨터와 이메일에서 홍수 지고 사태 나는 싸구려 정보들이 인간의 정신을 쥐고 흔들고 가두는 시대. 사랑이란 말의 범람에 사랑이 떠내려가고, 화면 앞에 널려진 사랑의 유희를 구경하느라고 자기 영육의 자유롭고 감정적인 실현의 사랑을 포기하는 시대. 이 시대엔 사랑을 얘기하고 사랑할 사람이 참으로 많지 않다. 사람다운 사랑을 만날 시간조차 많지 않다. 현대는 인류역사상 최고의 지성으로 과학신과 경제신을 양산했지만 그것으로 사람냄새 나는 사랑을, 고전적인 사랑을 생산할 수는 없다. 더 이상 괴테도 없을 것이며 도스토예프스키도 다시는 없을 것이다. 사랑다운 사랑이 없을 것이다.

그런데 그녀의 사랑은 고전적이고 느리고 자연적이어서 사랑에 알맞았다. 천박하지 않게 속되고 거드름을 피우지 않고도 품위 있게 사랑했다. 박수소리 없이도 갈채를 보냈다. 옛 동네 대장간에서 담금질과 연단으로 거듭난 무쇠칼처럼 둔탁해보이면서도 벼려진 칼날만치 예리하다. 그녀의 등에 팔을 감은 손으로 그녀의 볼을 어르는 감촉은 세월 여일하게 현실이다. 보슬비 부슬거리는 저녁 창가에선 연인의 시름에 겨운 어느 날을 돌이키며 여전히 애틋해한다. 달빛만이 흥건히 몸을 어루만져주는 밤, 오래된 영화 ≪보니 앤 클라이드≫를 레드와인 한 잔과 교감하며 감상할 때도 그 사랑은 여지없이 세월의 강을 거슬러 그녀의 가슴에 흐른다. 보라, 어느새 깊어지는 여자를 보라.

우아하고 거만한 야수처럼 그녀를 점령한 사랑. 사랑은 늘 정신적 차원의 문제이다. 늙어가면서도 사랑이라는 단어에 대해 생각하는 것이 진부하고 덧없기 한량없다 하겠지만, 사랑만이 인간을 존엄하게 하는 법이다.

커다란 누에마냥 풀밭에 엎드려 쉴 때, 바람에 쓸린 풀잎이 목 언저리를 간질이는 바람에도 사랑이…… 사랑의 느낌이…… 또 다가온다. 사랑한 그 사람이여, 사랑인 그 사람이여. 그녀는 오래된 유적지의, 낡은, 깨어져 조각난 쪼가리 물건들을 어루며 찬탄하는 것일……까……. 괜찮다. 지금도 그녀에겐 현실이고 진실이니까. 사랑이니까. 화면 속 책 속의 환상이 아니고 사이보그도 아니니까. 사랑은 그의 생활을 삶의 한 방편으로 만들고, 깜깜하게 그냥 살아지는 그녀를 환하게 살게 했다.

보라, 어느새 꽃비린내 머금은 여자를 보라.

적막이여 안녕?

초추의 만월이 중천에 두렷하다. 사람들의 부대끼는 소리가 뚝 끊기고 인가의 불빛이 거의 소등될 시각. 생명 있는 것들이 고른 숨을 쉴 때다. 겹겹이 에둘러서 위용을 펴던 산들도 밤이 깊을수록 엎드린다. 저러이 낮게, 웅크린 초식동물처럼 순하고 조그맣게 깃을 접은 산들을 위하여 귀뚜라미가 다독다독 노래 부른다.

봄의 어둠 속에서, 어둠의 끝이 어디쯤일까, 어찌하면 어둠을 뚫을 수 있을까, 어둠을 생각한다. 동분서주 낄낄대며 낮의 소리들을 다아 건넌 후 어둠의 가운데에 동그마니 홀로 섰는 밤이 편안하다. 어둠이 한낮의 오욕칠정으로부터 차단해주므로. 어둠은 늘 나를 나에게 돌아가게 한다.

들판 가득 밤안개가 피어오르고 앞산과 뒷산이 포개어 눕는다. 아마 낮의 시련을 삭이느라고 대지가 저리 깊게 한숨을 토하는 것일까. 빛나야만 했던, 소란해야 했던 낮의 땅이 비로소 안식의 담배 한 개비 사루어 품어 뱉는 것일까.

이 시간엔 아무것도 인위하지 않는다. 멀리 보이는 불빛 몇 점도 그냥 부드럽고 따뜻하다. 아버지, 나를 바라보시던 눈빛 같다. 초목들이 낮은 소리로 간간이 흐느끼다 멎고, 밤벌레들이 이따금 현을 켠다. 제 숨소리조차 잦아드는 적막. 전신의 세포 하나 하나까지 귀를 열며 적막에 귀 기울인다.

언제였을까, 맨 처음 적막을 느낀 것은. 아마 여남은 살 적 땡볕 여름날이었을 게다.

1958년 한여름. 지프의 뒷자리에 앉아 차창에 코를 박고 매달려 황토 흙먼지 풀풀 날리는 굽이길을 꿈처럼 바라보며 변산 해수욕장에 갔다. 백사장도 바다도 온통 아버지와 더불어 우리 것이었다.

낮잠에서 깨어난 오후, 아버지와 함께 바다 멀리로 둥둥 떠갔다. 남빛 털수영복을 입고, 놋쇠 꼭지가 달린 타이어 튜브에 팔다리를 걸친 채 온통 파랑 속으로 끌려갔다. 아무리 찾아가도 다시는 만날 수 없는 그 깨끗한 파랑. 망망한 바다였지만 두려움은 티끌만큼도 없었다. 아버지가 곁에 계셨으니까.

이따금 생각난 듯 팔다리를 내둘거리면서 하늘처럼 평화로웠고, 모래밭에 드문드문 점찍어 놓은 듯 보이는 사람들과 조갑지 같은 천막은 동화 속의 삽화였다. 삶의 실체가 꿈처럼 바라보이는 거였다. 그런데 어느 순간, 아버지의 손길이 사라졌다는 걸 느꼈고 어디를 둘러 보아도 아버진 보이지 않았다. 말 그대로 망망대해에서 갑자기 혼자가 된 것이다.

"아빠아! 아빠!" 느닷없이 밀려드는 두려움으로 악을 쓰며 아버지를 불러댔다. 아버진 어디에도 없었다. 바닷가의 누구도 내 공포를 몰랐다. 아득한 수평선과 푸른 하늘이 도저히 뚫고 갈 수 없는 막막한 적들이 되어 갔고, 동화 속 삽화 같던 어머니와 형제들도 그 공포에서 나를 구해줄 지팡이가 될 수 없는 절망일 뿐이었다.

까마득한 해안 쪽을 향하여 소리쳐 울부짖던 발성이 점점 사그라들고 소리없는 눈물이 흘렀다. 그 순간. 바로 적막이었다. 그리곤 손끝 하나도 움직이지 못한 채 그 적막 안으로 빠져들었다.

하늘은 오직 고요하고 간간이 물결소리가 들렸고 주마등처럼 머릿속을 관통하던 얼굴과 일상이 사라져갔다. 모든 것을 잊어갔고 어떤 알 수 없는 평강으로 인도되었다. 내가 어디에 있는지, 내가 살게 될 것인지 어쩐지 같은 생각은 이미 사라지고 말았을 때 – 그것이 포기인지, 완전한 절망인지는 지금도 잘 알 수 없다 – 아버지는 불쑥 나타나셨다. 두 손에 적갈색의 커다란 생합을 쥐고서.

"막내야, 아빠다."는 부름소리에 먼 곳에 나들이 갔던 정신이 돌아오듯 서서히 아버지를 확인하는 순간, 공포는 되살아났고 오래 오래 흑흑흑 울었다. 그 눈물은 또 다른 평안이었고 구원이었다. 세상에서 가장 완벽한 구원이었다.

내 삶의 작은 실뿌리에까지 숨어계신 아버지가 참 그립다.

살아가노라니 절망은 곳곳에 수렁을 파고 있었다. 그 수렁에서 허우적일 때마다 열 살 적의 바다를 떠올리곤 했다. 그때마다 목마르게 그리운 건 '막내야, 아빠다' 하던 두 마디의 의미였다. 스스로 살아가야 하는 어른이 되어 빠진 절망에 '막내야, 아빠다'가 되는 것은 무엇이었던가.

살아갈수록 피 마르게 두려운 건 절망이 다가오는 일이었고, 그 절망을 이겨낼 힘이 없어서 절망에 아주 무너져버리지 않을까 하는 거였다. 그것은 공포였다. 그 공포를 뚫으려고 피를 흘리며 신음했다. 그 여름날의 아버지는 어디에 계시는가.

우둔한 행자승이지만 마당쓸기 3년에 한 도道를 얻듯이, 절망에 허우적이면서 절망에서 벗어나는 법을 배웠다. 절망이 있거든 죽도록 절망하라. 그리하면 어느새 적막이 오고 무심無心에 이른다. 그때에 절망에서 일어설 수 있게 되는 것이다.

이제는 스스로 적막 속으로 걸어들어간다. 다시 일어서기 위하여, 다시 살아나기 위하여 적막 속으로 떠난다.

만물 가운데, 절망의 수렁을 파는 것은 사람이다. 사람의 번뜩이는 눈빛 너머로 걸어가라. 그들의 등 뒤로 적막으로 가는 길이 있다. 그들 속에서 조용히 달아나라. 자신마저도 사라져버리는 적막으로.

달빛이 산하를 포옹하고 밤안개가 전신을 끈끈이 어루만진다. 어둠속에서만이 어둠에 눈 밝아져 어둠을 볼 수 있고 어둠의 숨소리를 들을 수 있다. 어둠이 어둠으로 드러눕는 의미는, 낮이 되어 낮으로 벌떡 일어서기 위함이다.

밤이여 안녕?

적막이여 안녕?

눈 쌓인 벌판에 혼자서 서라

눈 쌓인 벌판에, 백지와 대면하듯이 혼자서 서라. 막막해서 아무 말도 할 수 없는, 아무 말도 못하다 보니 할 말도 없는, 백지가 되라.

천지간에 어스름이 무거운 슬픔같이 깔리더니 눈이 내린다. 함박눈이 적막하게 소복소복 쌓이는 것도 아니고 싸락눈이 싸르락싸르락 소근대는 것도 아니다. 구물구물 밤벌레 같은 눈이 시름없이 기어 내려온다. 강풍이 시샘하지 않으니 아장아장 하강한다. 하염없이 내린다.

백설아, 날 보고 어쩌란 말이냐.

마음의 갈피에 꽂아둔 누구인가, 그 사람에게 말 걸고 싶다. 설원에 새끼짐승처럼 겅중겅중 눈 속을 헤매고 싶다. 눈밭에

개 뛰듯 뛰고 싶다.

아뿔싸. 유리창에 이마를 대고 서서 뭣, 뭣, 뭣을 하고 싶다고? '하고 싶다'는 일종의 허영. 삶의 포장지에 불과하다. 포장지를 찢어야 알맹이가 나온다. 어서 저 문을 열고 한 발자국 내디뎌야 한다. 일상탈출에 주눅든 소시민근성을 접어두고 늙은 몸의 겁도 접어두고 하루쯤 빈둥거리자. 생애만큼 촘촘이 쌓인 티끌을 털어 눈발로 날리자. 소나무에 설화로 피어나자.

생애에 몇 번쯤이나 이런 폭설을 만나랴. 걸어서 걸어서 눈 쌓이는 도시를 빠져나가자 허허벌판 김제 땅에는 백설이 첩첩이 쌓여 하늘도 대지도 희디희었다. 막무가내로 백설군단을 하강시키는 하늘의 설해전술. 눈발이 하늘을 지우고 산을 지우고 벌판을 지운다. 신과 인간의 천지창조에 지우개질을 한다. 희디흰 모조지 세상에 아련히 지워지다 만 전신주 실금이 보인다. 저기 저 눈 쏟아지는 하늘에 빗금을 그으며 날아가는, 검은 듯 허이연 까마귀의 무리를 보아라. 까마귀야, 내 마음도 실어가렴. 백설아, 사는 데 토라진 내 마음을 지워주어라. 잘못 색칠한 내 청춘도 지워주어라. 하이얀 물감을 풀어 내 인생에 덧칠할 수 있다면 참 괜찮으련만.

검정 외투에 초록색 카츄샤스카프를 쓰고서 바벨탑 같은 서울의 빌딩 사이로 내리는 백설을 마중하던 그 시절, 그 사람은 어디로 갔을까. 면사포처럼 받아 쓰던 백설을 잃어버린 후, 깡시리던 카츄사의 유형의 길처럼 막막하고 비참했던 길, 길, 길.

모든 여자의 운명 같은 카츄샤의 길 위에 눈이 내린다. 움푹짐푹 삐툴빼툴 그어진 과거의 길 위에 눈이 내린다.

백설의 벌판에 홀로 서라. 세계의 낯선 곳에서 길을 잃어버린 듯한 기분이 된다. 길인 듯 길이 아닌 곳에 선, 잘 아는데도 뚫고 갈 방향을 찾지 못하고 뱅뱅이질하는 그 두려움과 낯설음. 사실은 내 삶이 혹은 우리의 삶이 그렇게 진행되어 온 것이다. 겁나는 세상, 늘 낯설은 사람들. 내가 이렇게 생각하고 이렇게 살고 싶어한 게 아니라, 세상이 나에게 이렇게 살 수밖에 없게 했다.

지상에 눈이 두터워지면 더 이상 먹이를 찾을 수 없는 노루 한 마리. 드문드문 저녁연기 피워올리는 인가가 있는 들판으로 겁먹은 채 내려오는 노루 한 마리. 허기지고 지쳐, 아니 오직 목숨줄인 먹이를 위해, 살고 싶어, 죽음을 겁내면서 막막하게 설원을 걸어온 노루 한 마리. 그 노루가 나였다.

먹장 같은 죽음의 커다란 아가리가 나를 덥석 삼킬까 봐 염불처럼 외워댔다. 살고 싶어, 살아야 해, 살아남아야 해.

인생의 맛은 참 지랄 같았다. 달콤새콤하거나 다달보드레한 어린 시절은 잠깐, 혓물켜게 들쩍지근하거나 시큼떨떠름해졌지. 지금에야 물론 무맛의 신선함과 담백함을 알 만하지만 인생은 아직도 타분하거나 짐짐하다. 눈을 한 움큼 퍼서 솜사탕처럼 먹는다. 개운하고 시원하다. 한 움큼 퍼서 머리 위로 던진다. 면사포가 아니라 하이얀 고풀이 띠다. 활개치며 눈사진도

찍고 얼굴을 깊이 눈 속에 묻어 마스크도 찍어낸다. 그 위로 눈발이 쌓여 희미해진다. 그렇게 나는 사라져갈 것이다, 흔적도 없이. 그래도 나는 포근하다, 눈밭에 서서. 꼭꼭 처닫은 마음을 열어주니까. 가벼워지니까. 작아지니까. 비워지니까.

설경에는 아름다운 시학詩學, 깊은 미학美學이 있다.

오늘 내내 내려온 눈발의 숫자는 우주자연이 갖고 노는 공깃돌 몇 개에 지나지 않을 터. 무한한 수의 눈알갱이가 오직 한 덩어리 하양으로 일원화한다. 설경은 신묘하고 신비하다.

편리한 만큼 지저분하고 탐욕스런 세상것과 작은 새만큼도 삶을 수분하지 못하는 사람들을 따돌리고, 텅 텅 하얗게 빈 벌판에 의연히 눈 뒤집어 쓰고 서 있는 나무들. 등이 휜 황토집. 크리스마스카드 속 교회처럼 뾰족지붕을 높이 올린 둔덕 위의 시골교회. 알몸처럼 부드럽고 섹시하게 곡선을 드러내고 누워 있는 풍만한 언덕받이. 그 적적한 풍경에도 어떤 사람들의 과거와 미래가 서려 있다.

과거. 이미 죽어버린 아니 묻어버린 과거의 현실이 꼼지락거린다. 말짱히 잊혀지지 않는, 아주 사소하지만 질풍이나 벽력같이 나를 할퀴고 간 과거. 그중 몇 가지는 억누르기 힘든 회한과 향수를 몰고 온다. 그때, 그 일, 그 사람에게 충분히 마음을 쏟지 못했다는 자괴 때문이다. 어찌할 수 없는 과거는 저 설원처럼 묻어두자. 과거로 인하여 내일을 낭비해선 안 된다.

천지가 하얗다. 하얀 속으로 길을 뚫고 청하산 청운사를 찾아간다. 꼭꼭 숨어버린 청운사. 저수지인지 논바닥인지 그 사잇길인지 분간할 수 없는 길. 영원히 멎지 않을 것 같던 통증의 시절이 가버린 것마냥 표백된 대지에 새 발자국을 찍으며 길을 내듯이, 사슴사슴 낯설게 간다. 스님께서 힘드시거나 말거나 ─ 사실은 힘드시리란 생각조차 안한 채─포로롱 하이얀 덤불숲으로 날아드는 쑥새를 보라고 탄성하니, 도원스님께서 백지같이 웃으신다. 온통 희구나.

희디흰 날개의 천사도 검은 망토의 악마도 더러운 이기심으로 가득찬 어른의 동화일 뿐. 어머니의 자궁 밖 첫 세상을 만나던 아기 영혼은 백설이었을 것이다. 너무 쉽게 부서지는 백설이지만 매일, 거듭 태어나는 아기영혼일 수 있다면 참 좋겠다.

청운사는 적요 그 자체였다.

눈 시리게 맑은 배추색 단청. 무릎까지 닿는 눈의 마당. 눈무게에 낭창짐하게 휘어져 마치 법당을 향해 읍하는 듯한 대나무들. 이따금 진저리 하듯 눈을 털어 면사포를 늘어뜨리는 빈 나뭇가지들. 어깨에 백설기 견장을 얹고 촉촉이 웃음 띄우는 미륵보살님. 간간이 박새 소리, 직박구리 소리, 까마귀가 줄지어 청하산을 서으로 넘어가는 소리가 떨어진다. 설야雪野에 눈이 자꾸 내린다. 눈이 자꾸 쌓인다. 침묵도 쌓인다.

이제, 과거라는 한 편의 영화상영을 끝내야 한다. 수많은 조역들과 단역들의 이름이 줄줄이 끝자막으로 사라진다. 그렇다. 아무리 감동적인 영화의 끝일지라도 그 끝은 언제나 저 설원처럼 막막하게 하얗다. 끝이기도 하고 시작이기도 한 하이얀 스크린. 난 어느새 백지 영혼이 되는 듯하다.

"스님, 이제 저는 세상 속으로, 환속해야겠네요."

눈물겹게 깨끗한 하양 속을 지금 떠나지 않으면, 다시는 세상 속에서 뒹굴고 싶지 않아질까 봐 겁났다. 미련없는 세상, 덧정 없는 사람일지라도 그것들 속에서 나는 아직 닳아져야 하나니.

스님께서 앞장서서 눈을 쓸며 가신다. '이상한 나라의 엘리스'나 '피터 팬'이 타고 날던 마법의 빗자루를 들어 눈을 좌우로 쓸어 날린다. 그 뒤를 폴짝폴짝 내가 따라간다. 알량한 중생을 스님께서 보살핀다.

법당 토방에 올라 눈 아래 펼쳐진 모조지 세상을 본다. 신천지다. 하이얀 스크린에 새 영화제목을 뭐라 쓸까.

스님의 오른손에 법장처럼 들려 있던 빗자루를 받아 온몸으로 쓴다. 눈밭에 큼직하게 새겨지는 법문 한 마디.

사 랑 해.

꽃잎돈

돈이 작디작은 풀꽃잎이었으면 좋겠다.

흙이 있는 어디에나 지천으로 피어나지만, 맑은 눈에만 보이는 눈곱만한 꽃잎. 이내 쓰지 않으면 금세 시들어 말라버리는 풀꽃잎 돈이면 참 좋겠다.

애초에 돈이란 물물교환의 불편을 해소하는 편리한 도구로 발명되었다. 돈에 이리저리 옮겨 다니는 발이 생기자 생명력이 주어지더니 점점 권력의 공룡으로 둔갑했고 급기야 현대인의 새로운 신神이 되었다.

신이란 종교적 언어다.

입으로는 신을 경배하나, 거의 모든 사람들은 물신物神 곧 돈을 추종한다. 현대인은 마치 멸종하게 된 육식공룡처럼 돈벼락, 돈바람, 돈비를 뒤집어쓰기 위해 사악해졌다. 양심과 박애의 마지막 보루인 종교의 복음을 팔아서까지 돈을 갈취한다. 신 앞에 쌓는 신성한 기도의 제단보다 개인 또는 집단의 식탁과 의복과 건물을 위해 탐식하는 돼지다.

굴러다니는 동전을 따라다니는, 황금에 기갈이 들린 현대인은 가장 나약한 존재인 고아와 과부, 병든 자들의 굶주림과 비참까지 악용한다. 돈에 돌아버린 사람은 독수리의 눈과 발톱으로 먹이돈을 사냥하며 하이에나의 예리한 이빨로 남의 생살마저 찢어발기는 괴수이다. 돈은 돌고 도는 것이라 했지만, 아니다. 돈은 현대인의 욕심에 의해 가둬지기 시작했다. 돈을 먹는 거대한 현대인의 위장에.

20세기 전 노예 한 명의 몸값인 은銀 30냥에 성인聖人 예수를 로마병정에게 팔아먹은 가룟 유다의 후예인 유대인을 보라. 부자가 천국에 들어가기는 동아줄을 바늘귀에 꿰기보다 어렵다고 한 선지자의 지혜가 무슨 소용이랴. 하나님을 선택하고 천국을 꿈꾸는 그들이 가난과 유랑 속에 돈의 심부름꾼인 장사꾼이 되었고, 그들의 신과 사상을 단물처럼 받아먹은 전세계 현대인은 결국 신과의 결탁보다 돈을 거머쥐는 권력을 추종하게 되었다.

세계의 모든 정부는 돈 정치본부이며 돈의 저장량에 따라 타국가에 대해 권력을 행사한다. 아니 남발한다. 유대인을 끼고 무기와 전쟁으로 치부한 미국의 돈이 세계권력의 중심축이 되었다. 쥐가 새끼치듯 불어나는 무노동의 소득으로 부익부라는 권력층을 형성한 세계. 미국 뉴욕의 돈시장의 움직임이 온 세계에 돈의 파도를 일으킨다.

인간이 필요해서 만든 돈에 권력을 부여한 인간. 결국 돈이란 함정에 빠져 허우적거려야 한다. 죽음이 그 함정에서 그를 구할 때까지. 오호 애통하도다.

나도 돈을 멸시하지는 않는다.

어린 날의 명랑한 심성과 자연과의 교감을 잃고, 돈으로 생성된 도시의 휘황한 빌딩과 아스팔트 숲에 갇혔다. 사람과 함께 흐느껴 울고 해맑게 웃던 지知와 사랑을 잃고 세상으로부터 얻어맞은 매질을 견디고 극복하기 위해 필요필수적인 돈을 얻으려고, 쓰디쓰고 짜디짠 눈물을 흘렸다. 돈은 일종의 필요악이었다.

산 입에 거미줄 치랴는 막연한 말은 세상에 하직인사할 때나 마땅하다. 불행할 때 돈이 없다는 것은 열 배 백 배의 불행이다. 이 세상 아무도 공기와 물만 마시고 살 수 없으며, 돈 없이 지성인으로 교육될 수 없다. 인비지단人貧知短 아닌가. 그러나 돈은 영속적 가치를 가질 수 없다, 결코. 또한 절대적 가치도 가질 수 없다.

돈이란, 기름지게 먹고 간과 심장을 병들게 하기 위해서도 필요하고 타락과 방탕으로 정신을 썩히는 데도 필요하다. 또 돈은, 사랑하는 이에게 물방울 다이아몬드를 사 줄 만큼은 아니더라도 둘의 아이를 잉태한 여인에게 새콤한 포도나 꽃 한 송이를 바치기 위해서도 절대 필요하다.

돈이 많아서 매력 있고 사랑스런 존재란 없다, 정승처럼 쓸 줄 아는 돈까지 있으면 금상첨화일 수는 있지만. 현명하고 위대한 사람들은, 돈은 많으나 인격이 허술한 사람이 아니라 돈은 없으나 인격적이고 지혜로운 사람들이었다.

눈먼 유산을 위해 돈 사람이 참 흔하다. 돈이 자식의 입에 잠시잠깐의 먹이와 놀잇감을 줄 수는 있지만, 미래와 세상을 위해 날아가는 날개를 달아주는 것은 아닌데도 말이다. 자식을 위한 돈도 오직 사람답게 살 수 있도록 교육하고 사랑하기 위해 쓸 수 있을 뿐이다. 황금만영黃金萬籯이 불여교자일경不如教子一經이라지 않은가. 옛말 그른 거 없다.

나는 생각하는 시인이다. 고로 욕심보를 가진 살찐 돼지보다 굶주린 소크라테스를 흠모 존경한다. 결코 돈의 노예가 되는 천박함과 열등함에 젖고 싶지 않다.

가난은 쓰라린 추억이지만, 스스로 돈을 벌어 자기를 먹여 살리고 교육하는 것이 스스로 사는 것이란 것을 가르쳐준다. 또한 자만심을 버리고 인간이 인간답게 살기 위한 자존심에 눈뜨게 한다. 그럼에도 불구하고 누구의 꿈도 인생도 돈으로 해석할 수 없다. 삶의 모든 매듭을 돈으로 푸는 사람이 더 이상 몰락할 수 없는 가장 낮은 수준의 인간이라 했는데, 죽음이 나를 데려갈 때까지 나는 몰락하고 싶지 않다. 돈이 사람의 시종이지 사람이 돈의 머슴은 아니다. 게다가 내 신성한 정신과 영혼을 하위개념의 물질인 돈에 무릎 꿇게 할 수는 없다.

칼릴 지브란은 세계인의 예술을 이렇게 분석했다. 중국의 예술은 예절 속에, 러시아의 것은 슬픔 속에, 프랑스의 예술은 기교 속에, 희랍의 것은 균형 속에, 유대인의 예술은 숙명론적 인식 속에 존재한다고. 나의 예술은 고통고난의 사유 속에 존재한다. 내가 살아오기 위해 돈은 일용할 양식과 교육비를 제공한 도구였지만, 돈이 나의 예술도 인생의 꿈도 되어주진 못한다.

나는 끈질기게 자신과도 타협하며 육체고통의 뜻을 받아주며 살고 있다. 어차피 세상살이란 꼴값하는 남의 뜻도 받아주는 일인데 자신의 육체가 아프다고 어리광을 부리는 것을 어쩌랴. 그 모든 걸 깡그리 잊어버리는, 반죽음이라는 수면시간에까지 육체 고통의 시달림이 쌓여 정신의 공황까지 일으킬까 봐 두려운 지경이었을 때, 복도 많게 신묘한 인술을 터득하고 있는 노장老長스님께 치료를 받았다. 마치 만신 김금화씨가 작두날 위에서 강신무하듯 할머니스님은 맨살의 내 몸 위에서 신기神氣의 춤을 추었고 병통에 독사의 이빨을 들이댄 듯 날카로운 고통을 느꼈다. 단말마의 비명과 통곡은 인내고 부끄러움이고 생각할 찰나가 없기 때문에 쏟아진 거였다. 이렇게 신통방통한 기력으로 내 육신의 고통을 치료해주신 그분께 미약한 돈이나마 성심으로 건네며, 나는, 이게 돈이 아니었으면 싶었다. 그분은, 아픈 자를 치료하는 것은 당연하며 가난한 시인의 돈을 결코 받고 싶지 않다는 것이다. 그 자비심에 더 큰 자비를 신께서 베푸소서!

돈으로 살아가는 현대인이지만, 돈으로 참된 우정이나 사랑을 살 수 없고 정직하고 믿음직한 친구나 동반자를 얻기도 어렵다. 돈을 잘 다루면 삶의 기쁨을 얻을 수는 있지만 정직과 성실로 얻은 돈이라야 진정한 사랑과 경의를 표현하는 도구가 된다. 무릇 쉽게 번 돈은 마음 없이 쉬이 낭비하고 부정한 돈으로는 검은 일의 뿌리를 키운다. 남의 재물도 소중하게 아끼는 사람이 돈 쓸 자격이 있다.

돈이, 봄둔덕 사방천지에 깔려 있는 광대나물꽃이거나 큰개불알풀꽃이거나 점나도나물꽃이면 좋겠다. 금란초 꽃잎이거나 꽃마리 꽃잎이면 좋겠다. 피어난 순간만 사용할 수 있고, 드려도 드려도 마르지 않고 피어나며 받아도 받아도 쌓아지지 않는 풀꽃잎 돈. 예수사랑이나 부처님자비만큼은 아니더라도 사람다운 사람일 수 있을 때만 사용할 수 있는 풀꽃잎 돈이면 참말 좋겠다.

에이갸,

만약 그렇다면, 욕심보 인간들이 풀꽃들을 싹쓸이해다가 자기 창고에 가둬놓고 꽃피게 할지도 몰라, 참!

달다 달다 달다

- 승가산 흥복사

알다가도 모르겠는 것이 사람의 일, 세상 돌아가는 꼴. 긴 세월 유정有情한 곳 승가산 흥복사興福寺의 관음전이 홀라당 불타버렸단다. 흥복사와의 깊고 질긴 인연에 대해 콩팔칠팔 헤아려보고 있는 판인데 말이다. 물난리에는 건질 게 없어도 불난리엔 재라도 남는다고 하지만 역사적 흔적에 불난리는 말살이나 다름없다. 흥복사는 마치 수수께끼를 잃어버린 마법의 등燈 같다, 이제.

흥복사는 호남의 곡창 김제땅에 있는 열반종 사찰이다. 고구려의 고승 보덕화상普德和尙이 비운의 백제임금 의자왕때 창건한 고찰이다. 한국 유일의 지평선이 있으며 고산高山이 없이 툭 터진 들판에 뒤집어놓은 접시 같은 야산 승가산에 접시굽마냥 앉아 있는 흥복사의 관음전. 이곳에 올라서서 사위를 둘러

보면 온 세상이 광활하고 허허로왔다.

흥복사로 가는 길은, 갯벌색 만경강에 가로 걸린 목천교를 익산의 목천포에서 건너야 한다. 익산의 아버지와 금만경 회룡리回龍里의 어머니를 둔 내가, 내 인생의 현실에서 셀수없이 건너다닌 다리로 추억과 구원의 다리이기도 한 목천교. 저녁놀이 만경강물에 피를 토할 때, 목천포다리는 사색의 자리였다.

젊음을 찢어먹은 길고 지루한 불행감, 존재가치를 잃어버린 슬픔과 무기징역수 같은 육체의 고통 속에서 자살충동의 수렁을 허우적이면서도 끝내 일어서게 한 힘은 무엇인가? 삶에서는 탄내가 진동하고, 사는 맛이란 목구멍에 달라붙는 떫은 맛 때문에 숨을 켁켁거리고 사랑의 맛은 이미 소태맛이 될 때, 그때에 무슨 힘으로 살아야 하는가?

그 힘은 어린앳적 뇌리와 심전에 씨로 묻힌 아버지의 사랑법, 아버지의 사는 법에서 생겨났다.

아버지는 애주가, 끽연가, 미식가였고 그 무엇보다도 사람의 애인이었다. 촌로村老나 걸인, 행상, 궁핍한 집의 소년들까지도 먹이고 거두고 사랑했다. 삶은 할 수 있는 것으로 나누고 사는 것, 스스로 즐기며 사는 것, 자신에게 '달다'는 맛을 주는 것, 그리고 나머지를 잊고 버리고 살면 살 만큼 살아진다는 것을 가르쳐주셨다. 인생에는 가질 것보다 줄 것이 많다는 것, 누구보다도 내가 소중하다는 것을 깨우쳐주셨다.

아버지의 곁에서 또 다른 씨를 뿌려준 분들이 생각난다. 남정南丁 최정균 서예가, 전주 종합경기장의 정문인 수당문의 현판을 쓰신 석당石堂 고재봉 아저씨, 우리 집에 오셔서 일필휘지하는 모습을 남겨주신 소전素荃 손재형 선생님, 석정夕汀 시인이 대역한 ≪매창시집≫을 챙겨주신 장만영 선생님, 아버지와 호형호제한 한시漢詩시인 조두현 선생님, 김병기 민의원 아저씨, 전기섭 대한토건사 사장 아저씨, 방창술 토건회사장, 코린Korin 피처인 아버지의 쌍벽 캐처였던 노승옥 아저씨, 우리 가족의 기독신앙의 끈이며 대한기독교총연합회 초대회장인 이진우 목사님 등등, 내 인생의 밑뿌리에 자양분이 되신 이 어르신들이 시시때때로 그립다.

어머니의 정성과 솜씨로 맛깔스레 차려진 주안상에 둘러앉아 잘 익은 술의 향기, 술맛처럼 고담활론高談闊論하던 어른들에게서 얻어들은 풍월이 얼마나 다디단 지혜인가. 부접빈객거후회不接賓客去後悔란다. 집안에 손님의 발길이 뜸한 가정은 배울 것이 적다고도 했다. 생각도 일종의 습習일진데, 부모의 친지들에 대한 우정과 대화는 내 생각의 교과서가 된 셈이랄까. 좋은 습관이 좋은 사람을 만든다는 것도 저절로 배웠다. 삶의 절망에서 나를 일으켜준 '달다'는 생각도 아버지의 대화에서 귀동냥한 안수정등岸樹井藤의 화두 덕분이다.

한국의 난세시절, 흥복사에 머물고 있던 지혜의 전강 스님과 효봉孝峯 큰스님의 상좌였던 박완일 스님과의 선문답 안수정등 이야기는, 결혼 이후 내 삶의 숙제고 엉클어진 세상살이를 푸는 실마리였다.

사방에 화마의 혓바닥이 날름거리는데 미친 코끼리에 쫓겨 엉겁결에 나무를 덮고 있는 칡넝쿨에 매달렸다. 이젠 살았구나 싶은데, 자세히 바라보니 제 발 아래엔 이무기가 또아리를 틀고 있는 우물이요 우물가엔 혓바닥을 낼름거리는 뱀 네 마리가 있더라. 어이쿠, 팔이 떨어져나갈 것같이 고통스러운 판에 어디서 나타났는지, 생쥐녀석이 칡넝쿨을 갉아먹고 있다. 이런 판국에 나무의 구멍에 달린 벌집에서 녹은 꿀방울이 방울방울 떨어진다. 어이 할꼬? 어이 할꼬?

결혼 이후의 인생은 불볕가뭄 찜통더위 살인폭염이었으니, 한둘금 소나기가 될 것은 무엇인가 묻고 또 물었다. 어이 할꼬 이 인생을? 그때, 단순해라, 자신조차 잊어라, '단맛'을 찾아라, 아버지가 아득한 곳에서 속삭이셨다! 사랑도 괴로움도 절망도 모두 있고도 없는 것이다. 낙수처럼 방울 방울 떨어지는 꿀방울은 있는 법. 받아 먹건 못 먹건 '달구나' 하고 그 생각만 하면 어둡고 칙칙한 인생길이 견딜만해 진다!

그렇다. 어둠이 무섭다고 눈 딱 감고 웅크려 앉아 벌벌 떠느니 더듬더듬 성냥불이라도 자꾸 켜는 게 낫다. 어둠을 뚫는 한 개비의 성냥불은 햇빛보다 찬란하고 휘황하다. 불행한 청춘에게 한 개비의 성냥불이 된 딸아이와 고름이 꽉 찬 젊음에 단맛이 된 책읽기! 몽땅 쓸려간 폐허의 땅에 언제 돋아났는지도 모르게 돋아난 어린 새싹처럼 하찮아 보이나 경이요 희망이었다. 병석에 오래 누워 있는 자가, 아침햇살 산뜻한 나뭇가지에 날아온 참새가 꽁지깃을 촐싹촐싹 고갯짓을 까딱까딱 눈망울을 희번득 굴리는 양을 보고, 병고를 털어버린 듯 환히 미소하는 순간 같은 평화였다.

인정에 허기지면, 나날이 새로운 내용으로 채워지는 딸애와 진짜 책을 읽었고 그 단맛이 의義와 신信을 팔지 않는 고독한 자존심을 지켜주었고 그 고독한 자존심은 내면성찰과 인간성찰의 뿌리였다. '달다'에 빠져 살아갈지고!

나는 낯선 마을을 지나가는 나그네처럼, 아는 사람들에게 인정받으려고 애쓰지 않았다. 소태보다 쓰고 웅담보다 쓰디쓰므로. 내 인생에 제공하는 것이란 쥐뿔도 없으면서도 씨도 안 먹히는 시시비비 왈가왈부로 할퀴므로. 나는 방탄조끼를 입고 홀로 섰다. 더럽고 썩은내 나고 오염투성이인 인생행로를 쓰러지지 않고 혼자서 걸어올 수 있는 힘은 바로 아버지의 사랑이 심어준 '달다'였다.

어차피 탯줄을 절단당한 순간부터 홀로 살아야 하고 죽음은 예고된 약속인 것. 해가 서녘으로 기울면 신나게 놀던 어린이가 놀이를 팽개치고 귀가하듯이 죽음문턱을 넘어 귀천歸天하는 순간까지는 꿀맛처럼 달게 생生놀이해야 한다.

아버지 따라 드나들던 홍복사의 마당에 펑 구멍 뚫린 느티나무가 이 세상에서 가장 큰 나무인 줄 알았다. 백년 묵은 이무기가 산다며 새끼줄도 동여놓고 빨강띠도 나풀거리던 그 나무.

그 곁의 옹달샘물을 퍼 마시며 방울새처럼 종종거리는 꼬마소녀가 느티나무 그늘 아래 고무줄넘기를 한다. 아, 생각만으로도 달다. 아버지가 가시고 목천포 옛 다리는 폐교가 되고 흥복사 관음전도 사라졌다. 50년 전보다 야위어 보이는, 천 년 묵은 느티나무만 맨몸으로 서서 달다, 달다, 달다고 웅얼거린다. 마치 잊어버린 기억에 최면을 걸어주듯이. 관음전이 사라진 자리에 서서 만경강쪽을 향해 서니 아버지가 서녘으로 뉘엿뉘엿 걸어간다. 입춘바람 때문인가, 얼얼하게 얼굴이 조여온다. 아버지, 정말은요, 내 인생의 '달다'는 아버지가 부어주신 사랑이어요!

겨우 21g이라는 영혼을 위해 청빈하고 작은 절 흥복사에 간다. 유명한 사찰을 찾아가면 속세인과 속기俗氣가 득시글, 스님의 법문마저 무겁디무거운 허언虛言으로 들리므로 이름나지 않아 고요하고 소박한 절에 간다. 냉수 한 잔 마시고도 속차릴 수 있으므로. 어이, 달다.

느티나무에 기대어 나는 생각한다. 쓰디쓴 것도 오래 씹으면 달다. 떫은 것도 한참 씹으면 달더라. 시련과 고난도 질겨서 오래 씹으니 달아지더라.

음악이 나를 뚫습니다

한 날의 아침이 동터옵니다.

46억 년이라는 시간과 공간을 이어온 지구에 살고 있기 때문에, 어느 한 날의 아침의 동틈이 아무것도 아닐 수 있습니다만, 생명 있는 것들이 간밤의 잠에서 깨어날 수 있는 아침은 늘 경이롭고 신비롭습니다. 또 하루를 살 수 있는 축복이니까요.

잠에서 깨어날 때, 빛보다 먼저 소리가 내 의식을 두드립니다. 그 소리들은 차이콥스키 〈심포니 넘버식스〉의 마지막처럼 서서히, 아득하게, 여음餘音마냥 다가옵니다. — 음악의 실체를 가장 잘 느끼게 해주는 것은 악보나 연주가 아니라, 연주가 끝난 후 마음에 묻어 있는 여음이지요.

반질반질 푸새질된 이불홑청에 바늘이 꽂히는 소리같이 살아나는 시침소리, 나팔꽃이 이른 햇살을 받아 마시는 소리, 발코니 난간에서 촉촉촉 새벽을 여는 참새소리, 도시가 움직이기 시작하는 금속성 소리. 정적과 적막이 뒷걸음치고 생기가 뾰족뾰족 살아나는 소리들이 가까이 걸어옵니다.

아름다운 음악을 들을 때면 마치 허공에 부웅 떠 있는 느낌이 드는데, 기상하기 직전의 의식이 바로 그 허공에서 아침을 여는 소리들을 듣습니다. 그러다가 눈을 반짝 뜹니다. 또 하루의 괴로움을 견뎌야 할지라도.

한낮. 육신과 정신이 생활의 올가미를 뚫으려고 안달하는 시간. 도시 한가운데서 들리는 소리라곤 온통 문명의 소리입니다. 소리의 잡탕에 끄달려 수세미 속처럼 얼크러설크러질 때, 기억의 여음에 귀기울입니다. 마음의 빗장을 풀면 늘 환청으로 달려오는 소리 소리.

장닭이 높고 늘어지게 목청을 끌면, 덩달아 하늘을 올려다봅니다. 이내 암탉이 꾸꾸꾸꾸 병아리를 불러 모읍니다. 햇살이 흙마당에 찰그랑찰그랑 부서지는데, 콕콕콕콕 부리로 모이를 쪼는 소리가 한가하고 평화롭습니다. 서곡이 있고 아리아가 있는 오케스트라의 연주지요. 자연의 음악이 한낮의 괴로움을 다독여줍니다.

그뿐이겠습니까. 가을에 듣는 음악은 모두가 시詩이며, 가을을 사색케 하는 모든 언어는 음악입니다.

달빛 서늘한 가을밤. 은브로치 같은 달이 나뭇가지를 장감장감 밟고 가는 밤엔 우리 집 검둥개도 나도 잠들지 않았습니다.

바람이 소소소소, 기와지붕 위로 드리운 감나무 가지들을 건드리면 도톰한 감나무 잎사귀들이 박쥐처럼 날아내립니다. 뒤척뒤척 달빛을 되쏘며 떨어지는 잎사귀 잎사귀들. 검둥개는 고개를 바짝 치켜들고 이리저리, 돌이뱅뱅, 낙하하는 잎삭들을 향해 뜀질을 합니다. 땅바닥에 누워버린 낙엽을 바작바작 밟기도 하죠. 그러다간 흔들림이 딱 멎어버리는 순간, 목을 길게 늘이고 달을 향해 머어엉 더블베이스 현 하나를 울립니다.

현실이면서 환상적이고, 과거이면서 전설처럼 망가지지 않는 정경. 괴로움이 목구멍까지 차오르는 계절 가을에 잠 못드는 밤이면, 돌아가 쉬고 싶은 정경입니다. 하릴없이 호아킨 로드리고의 〈아랑후에스 협주곡〉을 빈 방 가득 떠돌게 합니다. 나의 슬픔과 괴로움과 분노가 아무것도 아니게 흐물흐물 삭아집니다.

파블로 피카소의 〈게르니카〉와 함께, 백만 명의 인간을 살해한 스페인 내전이 남긴 불후의 명곡 〈아랑후에스〉. 맹인 로드리고가 가슴으로 느끼고 영감으로 손가락을 움직여 작곡했다는 기타협주곡. 인간이 인간이기를 포기해야 하는 비참과 비통에서 태어난 악곡. 아픔은 아픔으로만 어루만질 수 있지요.

하루하루 살아가는 일이 늘 전쟁을 치르는, 아니 전쟁의 후유증을 앓는 것 같은 괴롬이며 분노며 슬픔이기에, 나는 이것들을 어루만져 줄 것에 항상 목이 마릅니다. 그 목마름의 해갈은 침묵으로만 들을 수 있는 음악이 해줍니다.

아무도 없이, 말없이, 말 없는 말의 세계로 걸어들어가면 고통과 절망과 분노와 슬픔까지 음의 바다에 녹아 사라집니다. 펑펑 울어도 좋고 잔잔해도 상관없습니다. 어느새 삶의 행간 의미를 깨닫습니다. 행간에 서 있는 거지요.

음악은 이처럼 깊은 마음의 언어이며, 이면과 종교와 모든 경계를 허무는 만인공통어입니다. 들을 수 있는 귀만 있으면, 열 수 있는 마음만 있으면, 진실로 사람을 끄는 힘을 발휘합니다.

음악에서 무얼 찾으려는 듯이 신경줄을 날세워 따져 물을 필요는 없습니다. 그저 함께 흘러가다 보면 스르르 자정되며 무언가 발견하게 되며, 그렇게 얻은 여음은 내 영혼의 만나가 됩니다. 두뇌와 언어의 한계를 넘어 그냥 그렇게 저절로 이해하는 방식으로, 어지러운 삶을 이해하고 사랑하게 이끌어줍니다. 영롱히 눈물이 맺힙니다.

그런데 이렇게 만인의 위로자요 이해자인 음악의 작곡자들은 시쳇말로 참 불행했습니다. ―진실로, 나는, 그들을 불행하다고 생각하지 않습니다만― 불행하지 않고선 명작의 악곡을 세상에 던져줄 수는 없는가? 불행했기에 그들은 영혼의 소리를 들을 수 있었는가?

나는 또 생각합니다. 문자로서 음악언어처럼 무한하게 표현할 수 있을까? 무슨 축복 있어, 음악 같은 시 한 편 쓸 수 있을까?

음악은 어떤 상태, 누구에게나 소화되는 순도의 물 같은 음식입니다.

소녀의 꿈이 빛 바래어 내버려도 될 만큼 세월을 겪고 세상이 변하였어도, 소녓적의 소원을 지금도 끌고 다닙니다. 이순耳順에 빈 필하모닉 오케스트라의 신년음악회에 객석 하나 차지하고 앉는 일입니다.

음악의 땅. 쇤베르크와 베베른이 새 빛을 발한 곳. 생각만으로도 전신이 음악처럼 일렁여옵니다. 빈. 특히 베토벤에게 절망을 주었고, 그 절망에서 일어설 인내를 가르쳐주었으며 "죽음이여, 오라."며 베토벤으로 하여금 죽음의 심장을 꿰뚫게 한 장소. 베토벤은 절망의 절정에서 걸작을 작곡했지요. 그의 절망이 자주 나를 어루만져줍니다.

괴로움이 넘치는 밤에, 베토벤의 피아노 소나타 〈월광月光〉은 늘 한 줄기 빛이 되어 내립니다. 먹구름을 좌악 찢는 달빛 한 줄기는, 지쳐 허덕이는 내 정신에 생수 한 모금이 됩니다. 어떠한 운명도 싸워 이겨내야 할 운명이게 합니다.

음악가에게 불행은 창조의 샘물이 되었더군요. 그래설까, 음악은 그 무엇보다도 고통을 씻어주는 신의 음성이란 느낌이 듭니다.

음악으로 말하면 현대는 가장 축복받은 시대입니다. 음악을 밥 먹듯이 물 마시듯이 듣고 살 수 있으니까요. 한편 현대인은 자연성에서 멀어진 황폐한 도시공간과 문명소음 속에서 일개미처럼 살다 스러질 불행한 자들인지도 모릅니다. 그 불행이

현대인으로 하여금 음악에 열광하게 하는 건 아닐지요. 허드레 음악 같은 갱스터 랩gangster rap에도 우리의 분노와 방황과 막막함을 다독여줄 힘이 있습니다.

어머니의 태내에서부터 생명의 소리, 생음악에 길들어 태어나는 사람은 누구나 음악과 한몸입니다. 나는 때로 듣는 자가 아니라, 신의 악기인 목청으로 연주하는 자가 됩니다.

마악 어둠이, 연인의 손길처럼 전신을 싸안습니다. 남쪽 밤하늘에 별 함께 돋아오른 조각달이 나를 그리워합니다. 저 조각달마냥 나의 그리움도 돋아납니다.

그럴 양이면 세상의 소리를 깡그리 잊어버리고 목청껏 소리를 내지릅니다. 어둠 속에서 산 넘고 물 건너 내게로 말달려오는 소리를 기다립니다. 임동창 씨가 피아노 건반을 밟으면 "찔레꽃 하얀 꽃……." 목놓아 부릅니다. 별처럼 영롱하게 하루의 고난을 거르고, 달처럼 서러웁게 한 날의 괴로움을 버립니다. 하루를 버립니다. 그리고, 나는, 뻥, 뚫립니다. 세상의 하많은 그대들의 글과 시詩의 행간이 됩니다.

나는, 어쩌면, 이 세상 사람들의 행간에 숨어 있는 한 음절입니다.

2부

그 영화가 내게 한 말

봄햇살과 간지러운 바람이 온누리에 퍼진다. 산야의 초목들이 간지럼타듯 몸을 뒤채며 방글거린다. 움츠렸던 심신을 꿈틀여 새의 몸짓을 해 본다.

차창으로 달겨드는 개나리꽃 덤불, 진달래꽃 무리만이 아니라 실가지마다 봄물 머금은 저 노릿노릿한 잡목들을 스치며 마냥 안복眼福을 누린다. 내 가슴에도 스멀스멀 봄물이 고여 온다.

멀리 산능선 따라 빗살 같은 잡목가지 사이로 하늘빛이 번진다. 어릴 적에, 만져가며 그 감촉에 깔깔거리던, 오빠의 이부가리 상고머리 같다. 손바닥이 근질근질해진다. 보이는 나무들의 어른거리는 가지 사이로 보이지 않는 것이 보이기 때문이다. 겨울을 이겨낸 저 숲이 우는 걸까, 나의 눈물일까. 풍경이 아롱아롱 흔들린다.

지금, 분명히 나는 살아있다. 살고 있다. 그러나 진정 나는 있느냐, 생각한다.

산다는 것은 사랑한다는 것. 그렇게 말했고, 말한 대로 살려고 애썼다고 믿었다. 가꾸는 풀꽃 몇 떨기, 나무 한 그루를 사랑하고, 만나는 사물들과 사람들을 사랑했다고. 그런데 자꾸만 부끄러워진다. 내게 주어진 모든 것들을 사랑하려고 애썼다는 착각 때문에.

풋봄 내내, 봄이 왔다길래 내 안에도 봄을 들앉히려 애가 탔다. 그러면서 풋봄이 지나갈 무렵, 꽃샘바람이 몸속까지 일렁일렁 흔들어 놓은 날 ≪라스베가스를 떠나며≫라는 영화를 찾아갔다.

그 작품은 자살한 존 오브라이언의 거의 자전적 소설을 영화화한 것이다. 세상에서 가장 천대받고 험난한 생활을 하는 창녀와 알콜중독자가 된 극작가가 벌이는, 짧은 사랑의 그림이다.

벤의 아내는 그의 고독을 결코 이해하지 않았다. 아내는 자기의 사랑법에 벤이 꿰맞춰지기를 원할 뿐, 벤을 그의 모습 그대로 사랑할 줄을 몰랐다. 아무나 할 수 있는 사랑의 잣대로 벤을 측량했을 뿐 그의 절망과 외로움까지 사랑한 게 결코 아니었다. 벤의 구원처는 아니 도피처는 술이었다.

창녀 세라는 목숨을 지탱하기 위하여 배설물 같은 사람들을 만나 사랑행위를 팔면서도 그것은 자기의 '일'이라고 했다. 어쩌면 정신의 구석구석 찢겨졌을지도 모른다. 황폐한 땅이 된

삶. 그러나 사람은 살아있는 한 사랑할 힘을 가지고 있는 법이다. 그녀는 인간에 대한 구토와 괴로움 속에서 진정한 사랑법을 터득했는지도 모른다. 타인을 사랑한다는 것은, 그가 그로 있는 모습 그대로 받아들이는 거라는 것을.

그들은 만났고 서로를 인정했다. 세라는 벤의 음주를 말리지 않았다. 그것이 그가 살아있을 수 있는, 삶을 견뎌낼 수 있는 유일한 방법이었으니까. 또한 벤은 세라가 몸을 팔고 들어오는 것을 멸시하지 않았다. 그것은 그녀의 '일'이었으니까. 서로의 상처를 묵묵히 핥아주며, 그 상처가 각자의 고독임을 이해했다. 주루욱 눈물이 흘렀다.

걸쭉한 듯 목메인 듯 들리는 스팅과 돈 헨리의 재즈음악이 그들의 사랑과 완벽하게 조율되는 동안, 사랑은 그렇게 아프고 슬프게, 그러나 진실로 아름답게 피어났다.

사랑. 나 정말로 한 사람을 그 모습 그대로 조용히 지켜보았던가. 한 사람 그가 그일 수 있도록 온전히 받아들였던가.

이날까지 관람한 영화 편수가 1,500여 편. 사랑을 끼워넣지 않은 영화가 있을까. 그 많은 사랑을 보고 배우면서 아름답다거나 슬프다거나 약오른다거나 그랬다. 내 작고 하찰 것 없는 잣대로 가늠했으니까. 내 사랑법은 허상이었고 진실하지 못했다. 사랑이란 무엇일까? 곱씹었다.

진실로 사랑이란, 그를 자신에게 뜯어 맞추는 것도, 그를 바꾸어 놓는 일도 아니다. 그의 영광과 능력만을 사랑한다면 그것은 누구나 할 수 있는 사랑의 허영일 뿐이다. 그의 실의와 고독까지도 함께하며 진저리나는 고통일지라도 그가 그일 수 있도록 용납하는 일이 바로 사랑일 것이다.

수렁가에 핀 풀꽃에게 '너는 느티나무가 되라'고 요구하지 않으면서도 사람에게는 사랑이라는 근사한 옷을 입히며 다른 나무가 되라고 하지 않았던가.

이제 사랑이라는 굴레를 씌워 그 무엇에게도 상처내고 싶지 않다. 서로를 죽이는 일이니까. 크건 작건, 밝건 어둡건 아직 내가 살아있으므로 해서 그 대상들을 만날 수 있으므로. 그들이 존재한다는 것, 내가 사랑할 수 있다는 것이 참으로 다행하다. 사랑할 힘이 있는데 아직.

저 척박한 바위에, 구부러진 채 바람에 떨고 있는 진달래가 참 곱다.

유진 박

유진 박.

음악회 입장권에 은백색 매직펜으로 쓰인, 나래짓하는 사인 '유진 박'.

숫기 없어서 한 번도 받아본 적 없는 유명인의 사인을, 나이 쉰 줄에 유진 박에게서 난생처음으로 받았습니다. 주책이라고요? 그래도 좋습니다. 그 덕에 눈뜸 하나 얻었으니까요.

현대인은 비교와 경쟁 곧 이기심과 소유욕의 조장 속에서 살아가고 있습니다. 그래선지 세기말 징후 중에 가장 극명하게 드러나는 게 종교적 이기심이 가져온 천국망상증입니다.

어떠한 양상이든 신을 섬기는 게 종교며, 종교는 그 무엇보다도 사랑과 자비를 중심교리로 삼는데, 그 중심교리는 이미 사람에게 내재하고 있습니다. 사람에 내재한 그 신성을 깨우쳐 발현시키는 것이 참다운 종교적 삶이라고 생각합니다. 사람은 본디 신성합니다.

사람의 신성을, 나는 음악을 통해 깨닫곤 합니다. 음악은 마음을 열게 하고 내 혼을 순수하고 자유롭고 기쁘게 합니다. 그래서 불확실성에 쫓겨 불안초조하거나 무기력한 우울에 빠질 때 음악을 들으면 어느새 평정해집니다. 내 혼이 살아 숨쉽니다.

그런 음악을 하는, 어리숙하고 바보같이 보이는 음악가 유진 박. 그를 생각하는 것만으로도 조여졌던 얼굴의 신경줄이 느슨해집니다.

한 2년 전 어느 밤, TV에서 그를 만났습니다. 힙합바지의 앳된 청년이 특수제작한 전자바이올린을 가지고 놀더군요. 비올라현과 첼로현 한 줄씩을 덧보태어 음폭과 음색을 광활하게 펼친, 야한 바이올린을 한몸인 양 안고 노는 그는, 내겐 한 마리 새였습니다. 열정 그 자체를 잊어버린 열정, 무아의 얼굴로 폴짝폴짝 동당동당 비척비척, 현과 함께 나분대는 그의 음악은 마치 밀밭 위를 달리는 바람 같았습니다. 내 마음이 광막한 하늘을 나는 새가 되고 푸르디푸른 바람이 되어갔습니다. 매료되었죠. 신성을 만난 듯했습니다.

그리고 그의 얼빠진 듯 순진무구한 얼굴과 연주를 직접 보기 위하여 기다렸습니다. 기다리는 때는 오게 마련입니다. 그의 연주회에 날듯이 찾아갔죠.

유진 박은 흐물흐물, 건들건들, 물결처럼, 폭풍우를 끌고 가듯이, 넋을 던지듯이 얼터너티브 재즈의 세계로 청중을 끌고 가더군요. 그러다가 아드리비툼(ad libitum : 즉흥연주)으로, 이전에 한번도 경험한 적 없는 음률의 나라로 청중을 집어던지기도 했습니다. 그러나 그 선율의 나라는 낯설지 않았습니다. 연주하는 그와 음악과 사람들이 똑같이 저절로 이해하는 세계였으니까요. 그의 음악은 고독하고 안정감이 없는, 그러면서도 그 속에서 끊임없이 뭔가를 목마르게 갈구하는 현대인을 위무했습니다.

혹자는—대부분 과거지향적인 기성세대들—그의 연주를 시끄럽고 광적이어서 소음 같다고 말하기도 하죠. 하지만 말입니다. 소음과 속도와 단절의 현대환경 속에 살아가는 사람들에게 어떤 음악이 일체감을 준다고 생각합니까? 빠르게 달리는 생활 속에, 핑핑 변화하는 생활리듬 속에 활동하는 현대의 젊은 지성들에게 바네사 메이가 우상일 수 있는 게 이해불가능합니까? 이 시대를, 현대인의 심중을 가장 잘 표현했기에 공감하고 즐기고 환호할 것입니다. 음악은 마음속 언어를 가장 잘 표현한다 했습니다.

고전음악이란 것도 수많은 편곡을 거쳤더군요. 시대, 상황, 사람들에게 쉽게 이해되고 공감되도록 편곡되어 유행음악이 되고 유명한 고전이 되었습니다.

예를 들면 가장 성스럽다는 바하의 음악도 대부분 부조니가 편곡하여 우리에게 익숙해진 것입니다. 베토벤은 민중 속에 떠다니는 유럽 각국의 민요 150여 곡을 편곡하여 고전음악으로 성숙시켰습니다. 음악은 그렇게 하여 사람과 친숙해집니다.

바이올린 천재라고 극찬 받는 유진 박은, 고정관념일 수도 있는 고전음악 우월주의를 허물었지요. 음악세계의 여러 경계선을 바수었죠. 그는 20세기 말의 음악가이고 그와 동시대인인 수많은 젊은이들을 잘 표현하고 이해하고 이해받는 음악가입니다. 그들은 한마음 한혼으로 교감하고 있습니다.

젊고 빛나고 무한히 창조적인 두뇌와 감성을 지닌 그가 어떻게 고전에만 매여 있겠습니까. 나날의 삶터가 낭만주의시대처럼 전원적이지도 않으며 음풍영월적 감성만으로는 현대와 현대인을 설득하고 위로하기엔 역부족입니다.

그의 음악은 가슴의 답답하고 단단한 통증인 응어리를, 전자파가 되어 바수어 해체시킵니다. 〈Another day〉, 〈Make it real〉, 〈Secret〉은 관중을 순수하게 풀어놓아 주었습니다. 〈Star〉. 둥둥 둥둥 북소리와 어우러진 〈We all feel it〉이라는 신음 같은 독백과, 둔탁하면서도 화려한 6현바이올린의 조화는 별의 정기를 한껏 들이마시게 했습니다. 변화무쌍하고 기교적인 바이올린 현음과 본능적이고 성적인 타악기의 단순반복적 리듬의 조화는 인간의 양면성의 조화였다고 할까요.

열서너 살 적에 정적인 마음으로 부르곤 했던 죠지 거쉰의 〈Summer time〉을 유진 박이 얼터너티브 재즈로 편곡하여 들려주더군요. 마치 현대인의 고독과 헝클어진 머릿속이 쨍하니 파열음을 내며 부서져버리는 것 같더군요. 비로소 바깥과 단절된 내면의 소리들이 숨을 쉬는 것 같은 경이를 느꼈습니다.

악기는 인간이 만들었지만 그 음악소리는 신이 만들었다고 유진 박이 말하더군요. 그렇습니다. 음악소리는 신처럼 무한히 자유롭고 창조적이어야 한다는 생각이데요. 음악은 영혼의 소립니다. 산야에서 자유로이 자라는 나무여야 합니다. 내 혼도 그러기를 바랍니다.

여섯 줄 혹은 다섯 줄짜리 바이올린. 그 악기를 통해서 유진 박에게서 돋아나는 음악은 끊임없이 갈구하는 혼의 자유이며 가슴에서 솟아나는 삶의 사랑입니다. 그 자유와 사랑을 타인과 공유할 수 있다는 게, 서로에게 큰 축복이라고 절로 느꼈습니다.

유진 박이 말하는 영혼의 언어, 신성을 나는 들었고 그리하여 나를 이해받고 위로받은 양 조용한 기쁨이 피어올랐습니다.

달빛을 장감장감 밟으며 유진 박의 사인을 들고 돌아오는 길은 깨끗했습니다. 하이얀 쉬폰의 치맛자락을 펄럭이며 바람속을 걷듯이 신비롭고 아름다웠습니다.

화투짝 비를 맞고 있는 화수畵手

진정한 예술가 화가는 고독할 수밖에 없다. 남이 가지 않은 길을 개척하고 탐구하여 예술양식의 특성을 창조해야 하는 존재로, 항상 앞선 정신세계를 홀로 열지 않으면 안 되기 때문이다. 대부분의 인간에게 이해받기 어려운 사람 예술가. 예술가란 사물과 현실을 있는 그대로 묘사하는 자가 아니라 그것들을 도구로 생각과 철학을 재창조하는 자다. 그리하여 인간의 예술문화 세계를 확장시키고 발전시키는 존재다. 아, 조영남. 진짜 진짜 예술가 조영남.

1978년 조영남의 뉴욕전시회였을 것이다. 〈Moon on the wire〉. 좌우 나무젓가락에 검은 전선을 헐렁히 묶어 그 위에 화투짝 팔공산 광을 비스듬히 세워 그네를 타게 하던 그림. 그 그림을 TV와 신문에서 처음 만나고 비명을 지르며 감탄했다. 한국에서 젊은 화가들의 실험미술이 난무했지만, 미술의 파괴가 될 지경의 파격은 장난일 뿐이라고 생각할 때다. '한국에서라면 저런 그림이 쉽게 통할까?'라고 회의하면서도, 조영남의 미술이 미국의 미술계에, 아니 세계의 미술계에 한 획이 되기를 바랐다. 어찌 그래선 안 되겠는가! 동양적이고 한국적인 놀이도구 화투짝으로 삶의 이중성과 사랑의 법칙을 독보적으로 표현하지 않았는가. 잭슨 폴락도 앤디 워홀도 백남준도 나를 경악케 했지만 조영남도 놀라운 화가다. 미술에 대한 편견과 단순한 고정관념을 확 두들겨 깨버린 화가다.

조영남은 어제 한 것을 버릴 줄 알고 과거의 통념을 깨뜨릴 줄 안다. 그는 자신만의 사상, 인생애, 평화, 사랑 같은 이데올로기를 갖고 있어 보인다. 그래서 조직의 아웃사이더 같고 이 사회의 일방적인 통념과 사상의 아웃사이더 같다. 그는 고독하다. 그는 그림 속으로 숨었다. 그의 고독이 매력적이다.

〈비와 우산을 든 남자〉 앞에서 나는 우뚝 섰다. 그의 파란만장일 수도 있는 인생과 그를 진실로 이해했다. 12월 '비'화투짝들이 요지가지로 잘리고 세워지고 누운 채로 와락와락 쏟아져 내린다, 검은 '비' 글자와 붉은 '비'의 자국과 함께. 검은 모자에 커다란 안경을 쓴, 빨강옷의 남자—아마도 조영남 자신의 모습 같다—가 우산을 비껴들고 서서 나에게 웃음을 보내고 있다. 그 적색과 흑색의 아름다움과 강렬함. 활활 타는 꽃비들이다. 그래, 우산으로는 활화산의 용암처럼 내리는 인생의 빗줄기를 다 피할 수 없다. 그게 인생행로일진대 이왕이면 재미나게 웃으면서 걸어가리라! 그림에서 나의 인생을 목격하고 더불어 그의 인생도 이해했다.

지지난 2005년에 그는 떼거리로 들끓는 입방아 때문에 모든 방송일을 접었다. '친일발언'으로 몰아붙이기만 하는 언론과 언론적 횡포에 무릎을 꿇어야 했다. 민주주의에서 다수의 의견은 마치 옳은 의견인 양 무조건 수용해야 하니까. 우리가 종종 말하는 한국인의 냄비근성에 비해서 "일본의 냉정한 대처가 한 수 위"라고 발언한 셈이다. '일본이 한 수 위가 아니라 독도에 대한 대처법이 한 수 위'라는 말이었다. 나는 그렇게 알아들었고 사실 그렇지 않은가. 우리는 독도에 관한 일본의 허욕을 세계 앞에 무릎 꿇릴 수 있는 방법을 냉철하게 모색해야 한다, 그런 이야기임에 틀림없는 조영남의 의견을, 머리도 꼬리도 없는 가운데 토막말을 붙잡고 그를 매국노로 매도하지 않았는가. 천재는 고독하다. 고향에서, 민중 속에서 늘 고독한 이방인이다. 다행히 그가 수렁 같은 일들을 복기復碁하며 더욱 성숙했다고나 할까.

2006년 3월 풋봄에 '한국소리문화의전당'에서 그의 미술일대기가 되는 전시회를 개최했다. 나는 혼자서, 친구랑, 초중생 아이들이랑, 딸이랑 들랑거리며 그의 미술세계에서 한껏 놀았다. 나는 지금 상당한 수의 조영남 작품을 컴퓨터와 사진으로 소장하고 있다. 조영남의 얼굴이 크게 들어 있는 안내사진에 내 얼굴을 가까이 대고 찍은 사진은 매력적이다, 하하. 안내여성에게 화가畵價를 물었다. 잘은 모르지만 소품의 특별 하한선이 천만 원이란다. 그 정도는 되어야지! 라고 고갤 끄덕이면서, 나처럼 가난한 서민 시인詩人으로선 엄두를 내면 안 되지, 포기했다. 한 점 '모셔다가' 아버지의 빛그림과 어머니의 서예액자書藝額子 옆에 걸어두고 숨 쉬듯이 바라보면 참 좋겠다! 그래서 나는, 전람회장의 상식을 익히 실천하는 지성인으로선—예를 들면 대학시절부터 지금까지 국전의 관람자인 만큼—생전처음 이상한 짓을 했다. 날마다 들락거리는 나와, 감상자가 거의 없는 전시실을 감시할 필요 없는 안내원이 입구 안내대에서 책을 읽고 있는 동안에 카메라를 찰칵댄 것이다. 나는 조영남 그림의 몰래카메라였다. —내 몰상식 행동을 공개하는 바이다. —

목단 화투짝으로 그린 꽃다발을 받고 싶다. 〈극동에서 온 꽃다발〉 등등이다. 화투짝으로 피워낸 화려하고 아름다운 꽃꿈을 사랑하는 이에게 선물하고 싶다. 절대로 지지 않을 붉디 붉은 꽃가슴을 지니고 싶다.

〈Komerican Flag〉는 내 의식의 비애고 현대 약소국가의 비애다. 미국을 상징하는 코카콜라 캔에 꽂혀 있는, 두꺼운 판에 그린 동강난 태극기. 콜라는 세계를 점령한 미국의 대표적 식품이며 미국식 사고다. 얇은 깃발이 아니라 두꺼운 판자처럼 그려진 태극기는 고착된 인식과 관념이며 어긋나게 잘린 태극기는 끝내 동강나 있는 한반도며 한국인의 의식이다. 우리 현실에 대한 냉철하고 소름끼치는 조롱이다. 그의 손길에서 떠난 그림은 이미 감상자의 것이다. 나는 이렇게 그의 미술을 이해하고 그의 그림을 애호한다.

예술가도 집단의 일원이 되면 흔히 속물근성이 뿌리를 내려 자기예술의 목적을 잃어버리는 경우가 허다하다. 오죽하면 열정과 창조정신으로 시작한 예술가지만 나중엔 몸을 파는 창녀나 같아진다고 할까. 그런데 조영남의 미술 소재는 현실의 물상이되, 표현에 있어선 그가 삶을 사유하고 사랑하는 방식을 탐구한다. 고독하지만 독창적 예술세계를 창조한다. 인생사의 축소판이라고 하는 바둑판의 그림들. 가난하나 따스한 가정, 고생스런 어머니, 아니 여성의 삶을 느끼게 하는 대소쿠리 작품들. 조국이며 한국인의 얼인 태극기의 갖가지 작품들. 묵은 흑백사진 속에서 걸어나오는 인연의 고리들. 어리버리하게 보이는 그가 그림으로 참 잘 말하고 있다. 나는 조영남의 얘기가 정말 맛있다.

1960년대 후반 내가 꽃다운 대학생일 때, 미성美聲의 그가 〈딜라일라Delilah〉를 부르며 대학가를 강타했다. 한국주둔군인 미8군의 병사들을 위한 TV방송에서 ≪톰 존스 아워≫가 방영되던 때였는데, 조영남이 톰 존스의 〈딜라일라〉를 번안하여 부른 것이다. 딜라일라는 델릴라Delilah의 영어식 이름이다. '삼손과 델릴라'의 델릴라는 최초의 미인계 여성이며 미모로 남자를 파멸케 한 여자다. 어쨌거나 젊은 우리는 그 노래를 강의실에서조차 열창하였다. 당시엔 소위 뽕짝을 조금 부끄러이 여기는 나이였으니까.

그는 그 후에 미국에 건너가 신학神學을 공부했다던가. 가난한 서울음대생이었다지 아마. 여자랑 사랑도 하고 결혼도 하고 이혼도 했다나 어쨌다나. 그런 것들은 그의 인생길의 한 고개 두 고개이고, 그는 굽이굽이 고개를 넘으며 인생길을 즐거이, 일심으로 걸어가는 법을 터득했을 것이다. 음악과 글, 무엇보다도 그림과 잘 노는 사람 화수畵手 조영남. 길 수도 잠깐일 수도 있는 인생 한 바퀴 육십령六十齡고개를 넘어온 그는 비로소 인생을 알고 좋아하고 즐길 줄 아는 사람이 된 것 같다.

그저 그런 사람들의 사소한 일상이 삶사랑이며 생生놀이임을 깨달았나 보다. 젊어선 인생의 외피만 보지만 철들면 인생의 실마리를 찾는 법. 그가 선택한 화투, 바둑, 태극기, 바구니는 숭엄한 존재물이 아니라 함께 갖고 놀며, 부대끼며 부서지고 엎치락뒤치락 포개지며 삶을 이루는 것들이다. 그는 흔해터진 것들을 재료로, 무한한 자유혼의 화판에, 환상적으로 몰입하여 잘 놀고 있다. 높은 청솔에 앉아 고독하게 머물다가 홀로 천공을 가르며 비상하는 백로처럼.

사람에게 잊고 싶고 감추고 싶은 게 왜 없으랴. 근데 조영남은 정직하다. 과장이나 포장包裝이 없다. 그는 인생을 좋은 것으로 가꿀 줄 안다. 산산조각의 화투짝으로 꽃을 일구고 사랑을 일구고 꿈을 이루어낸다. 그의 그림 앞에서 내 소질과 알량한 삶의 조각들을 가지고 '더 잘 놀아 볼 걸.' 하고 후회막급이다. '이제 좀 더 재미나게, 재미를 내서 살자.'고 다짐한다. 이래서 그의 그림이 참말로 맘에 든다. 그의 운명과 재능이 예술가인 그에게 상당히 협조적이란 생각도 든다. 그의 시련은, 그의 고민과 번뇌는 그의 인생의 영양제였나 보다.

그림들 속에서 "……사랑 없인 난 못 살아요오오……." 나이든 남자 조영남이 맑은 고음으로 노랠 부른다. 젊은 날이 아니라 이미 죽어버린 내 사랑들에게 띄우는 만가輓歌 같아서, 나는, 조금, 운다. 그가 부른 대중가요처럼 그의 그림에 대해 내 맘대로 설명해주었다. 조영남의 그림이 아이들과 대중에게 제법 이해받는다는 게 기뻤다.

멋지다, 조영남 화수여.

그대, 부디 오래 살고 그리고 그대의 미술로 영생하시라!

낯설음으로 걸어가자

사람들이 둘둘셋넷 둘러앉아 정담을 할 때 그들은 대개 과거회상적이 된다. 경험했거나 배운 것을 미주알고주알 나누며 느긋하게 풀어진다. 우연의 원리와 미래시간과 새로운 세계가 예비된 채 우리를 기다리고 있건만, 어찌하여 기억 속의 것들을 되씹으며 눈빛을 빛내고 재미를 느낄까.

지금은 20세기의 끝머리. 문명과 문화의 변화가 수레바퀴처럼 우리를 밀치고 간다. 만화에서, 도망자의 발바닥 아래 그려지는 돌이뱅뱅이처럼 돌아가는 세상에 인간은 상품－그것도 일률적 기계제품 같은 상품－이 되어버린다. 그러면서도 기성세대 혹은 묵은 세대는 콩 한 쪽도 나눠먹고 누더기도 함께 덮던 인간적인 인간임을 추억한다. 인간적이라고?

우우우 모여서, 우리의 역사가 아니라 제각각의 옛이야기를 입맛 다시며 늘어놓을 때마다, 옛날 시골의 부엌 아궁이의 지푸라기잿불이 생각난다. 다독다독 눌러 두었다가 들쑤시며 입바람을 불면 불티가 날리고 새로 얹은 지푸라기에 불을 확 살라지게 하던 재. 사람들은 모두 기억을 단도리해 두었다가 짚불 살라내듯 우훅훅 입바람을 신명나게 분다.

잿불 속에 군고구마 구워 입 가장이에 검댕 묻혀가며 먹던 맛이 아무리 달짝지근해도, 잿불이 사라진 지 오래인 지금, 잿불에 고구마 구워 먹기는 힘들다. 대신 전자레인지나 오븐에 굽는 세상이니까. 새 방법으로 살아야 한다. 새로움은 낯설고, 기존에 대한 도전이며 개척해야 할 미개지다. 묵은 세대는 익숙함과 기득한 것을 누리며 의기양양하다. 새것에는 문외한이다.

나이를 먹는다는 건 몸에 탄력이 없어지는 것만이 아니라 정신에 생기와 도전하는 힘을 잃는 것이기도 하다. 정신에 주름살지는 것을 느낄 때, 그때 나는 무섭다. 죽어가는 삶을 보기 때문이다.

온종일 비가 오락가락한다. 육신이 천근만근 무거워지면서 사지를 질펀히 늘어뜨리고 방바닥에 뒹굴거리게 한다. 정신은, 어디로든 대문을 나서라, 어제와 다른 새로운 것을 보아라 하는데. 오늘 이 비는 이 시간의 것일 뿐이다. 이 비가 누군가에겐 불행일 수도 또는 요행이 될 수도 있듯이, 오늘 이 시간이 내 삶에 중요한 전환점이 될 수도 또는 그저 그냥저냥 스쳐지나가는 무의미의 날일 수도 있지.

벌떡 일어나 다니엘 바렌보임의 음악을 듣는다. 유진 박으로 바꿔본다. 또 임동창의 빗소리 같은 피아노 반주에 실린 소박하고 감동적인 장사익의 목소리를 볼륨껏 올려놓는다. 서서히 나는 미래를 생각하고 도전하고 싶어진다.

그들은 기존 곧 과거를 파괴하는 것이 아니라 기존에 파격적인 새 생각을 접목시키는 창조력과 노력을 가르쳐 준다. 죽은 자의 음악을 배웠지만 그 든든한 뿌리 위에 자기와 동시대 젊은이와 대화의 통로를 연 유진 박의 파격을 배운다.

바렌보임은 동반자의 죽음보다 더 큰 스트레스라는, 이혼이라는 인생의 기복을 두 번이나 치렀다. 그러나 그는, 이혼도 다리가 부러진 것 같은 괴로움이므로 나으면 되는 것이지 그게 인생의 종말은 아니라고 표현했다. 그렇듯이 아주 독특한 음악해석을 하는 바렌보임은 피아노를 두들기며 관현악단 지휘를 한다. 생각의 구각을 찢을 줄을 안 것이다.

임동창의 팔꿈치와 주먹으로 피아노치기는 피아노의 타악기성에 힘을 실어주었고 장사익의 자유롭고 순박하게 흥얼이다 내지르는 창법은 기계적이며 푸석푸석한 현대인의 가슴에 끈끈한 정을 그리워하게 해준다. 사는 것에도 끼가 있어야 새롭게 산다.

그들은 모두 꿈을 꾸는 자들이다. 그들은 삶을 사랑하고 세상을 사랑하는 사람들이다. 꿈을 가졌으므로, 개척하므로, 새로워진다.

서양사조 중심인 기독교의 교리를 들어, 기독교인들은 말세와 지구의 종말을 전염병처럼 퍼뜨렸다. 신을 선택한 그들은 마치 이 세대 인간의 희망은 말세인 것처럼 떠들어댔다. 그러나 인류의 역사는 이어질 것이고, 변할 것이다. 늘 그랬듯이 인류사는 희망을 꿈꾼 자들 덕분에 변화되고 발전되어 왔다. 변화는 새 생각에서 비롯된다.

과거를 붙잡고 노닥거리지 않겠다. 미래를 위하여 꿈을 갖겠다. 인생이라는 장산장강을 어찌 무사안일하게 넘을 수 있겠는가. 꿈을 들고 있어야 인내하고 괴로움을 감당하는 힘이 생기고 미래를 개척할 수가 있다.

이제 나의 꿈은, 사상이나 이념에 매지도 말며 천국이나 극락에 연연하지도 않아야겠다. 사람이 없는 사랑을, 몸을 만질 수 없는 사랑을, 행함이 없는 사랑을 믿을 수 없다.

인생은 이 몸이 행동하는 생활현실이다.

이웃을 사랑하려거든, 찌그러지고 보잘것없고 얻을 것 없는 이웃과 감 한 톨, 온기 한 줌이라도 자주 나눠야 한다. 고름 흐르는 손을 스스럼없이 잡고, 쉰내 나는 입술과 함께해야 한다. 만나지는 모두가 이웃이다. 대등할 때 이웃이다.

우리는 너무 자주 "너를 생각한다. 네가 보고 싶다."고 말하지만, 그 말은 마음의 가락 없이 울리는 꽹과리에 지나지 않는다. 언제라도 기꺼이 만나며 서로 깨지기도 하고 토라지기도 해야 사랑이 자란다. 물론 생각과 말과 행동을 같게 하기를 꿈꾼다.

지구에는 수많은 우연과 필연이 존재하며 미래는 끝없다. 현상은 늘 변화하며 사람도 변해야 한다. 하물며 그 사람이 갇혀 있는 알량한 생각들이야 변해야 할 건 당연하다. 과거 또는 익숙함 내지 기득이란 늙은 것이다. 아무리 작은 것일지라도 새 꿈을 꾸어야 한다. 꿈을 향해 한 발 한 발 걸어가야 한다. 꿈은 발걸음을 비추는 꽃등불이다.

해가 또다시 떠오른다. 어제의 태양빛이 아니다. 새 힘으로 일어서서 낯설음으로 걸어가자.

너도 살고 나도 살자

남자는 한 남자이기 전에 먼저 한 인간이어야 하고, 여자는 한 인간이기 전에 우선 한 여자이어야 한다고 어느 시대, 한 남성우월론자가 말한 걸 결코 잊을 수 없다.

막말로, 그 남자는 인자人子 예수의 발톱 밑의 때쯤이거나 석가모니 부처님의 깎여나간 손톱쯤이거나, 아니면 이 세상 어느 여자에게서도 사랑받지 못한 성性구별로서의 남성이었을지 모른다. 왜냐하면 우리는 남녀 다 같이 만물의 영장인 인간이며, 남자가 남자일 때 여자가 여자일 수 있는 상대적 존재이기 때문이다. 어쨌든 그 말을 알건 모르건 간에 그 의미의 어리석음이 유유히 실천되어온 것이 사실이다.

그런데 요즈음엔 인간의 교육받을 권리에 힘입어 여자의 지적 능력이 확대되고 사회적 생활이 적극적이고 능동적으로 활기를 띠고 있다. 그것은 곧 여자도 한 인간으로서 당당히 설 수 있는 진정한 인간시대가 도래했다는 뜻이기도 하다. 지능이나 재능, 사고력이나 심미력, 영안靈眼이라든가 하는 것은 인간의 개인차에서 비롯되는 것이지 남녀의 성차性差로 구별되는 것이 아닌 만큼, 여자라는 성구별로 남자에게 인간차별을 받아야 할 이유는 없는 것이다.

예부터 북한에서도 착각은 자유라 했으니 따라 착각하는 것인지, 여성비하나 남성우월에 빠져 망발하는 남자들을 볼 때엔 한심해지다 못해 우울해진다. 예컨대 이십 대 남자가 활기차면 전도가 양양하다고 하면서 여자가 꿈을 꾸며 뛰노라면 팔자가 드세겠다고 옆눈길 뜬다. 그뿐이랴. 이 땅의 사십 대 남자는 성숙한 인간으로서 세상사의 중추역할을 한다고 우러르면서 사십 대 여자에게는 '설 쉰 무와 사십 나이 넘은 여자는 내다 버려도 안 주워 간다.'고 멸시천대의 말을 눈 한 번 깜짝이지 않고 곧잘 내뱉는다. 웃기는 얘기로 나이 먹은 남자의 수박통 숨긴 것 같은 불룩배는 품위요, 여자의 살찐 허리는 똥배라는 말에도 저질의 저의가 깔려 있다. 젊은 남녀 모두 전문직과 몸짱을 바라는 개인우월주의 능력우월주의 시대가 되었어도 여성차별 저의는 여전하다.

이 세상에 여자의 태胎에 자라 태어나지 않은 자 단 하나도 없나니, 예수도 성령을 받아 여자의 몸 성모 마리아에게서 나셨다. 그리고 하느님의 아들이라는 예수께서 십자가에 매달리기 전에 요한을 불러, 이 땅위의 사람으로는 오직 한 사람 성모 마리아를 부탁하고 떠나셨다. 그러니 여자를 멸시하면 곧 자기의 어머니를 멸시한 자니 죄 중에 가장 큰 죄를 지은 것이 될 것이다. 개와 싸우는 사람 없듯이 그런 남자는 이미 여자의 상대성을 잃은 사람이다.

느닷없이 소녀시절의 음악선생님이 생각난다. 우리의 훈육 주임이기도 했는데 술렁털렁하고 칠칠맞지 못한 여학생들을 칠월 땡볕 아래나 씽씽한 겨울바람 속에 세워 놓고, 매 한번 든 적 없이 당차고 낮은 음성으로 훈육하셨다.

"나는 여자들 앞에 이빨 없는 호랑이다. 꽃은 스스로 가꾸어 핀다. 너희들은 꽃이다."는 그 한 마디에 존경을 보내게 된 이을우 선생님. 그 어느 봄 '어머니날'에는 방송실 가득 '그리그'의 음악을 틀어놓은 채 멀리 산자락을 휘감고 도는 기찻길을 향해 서서 눈물 그렁그렁하시던, 잘 익은 살구냄새 같은 표정의 선생님. 그런가 하면 어둠이 드리워진 소로에서의 장면도 그립게 떠오른다. 그분이 전신주에 이마를 댄 채 술에 익은 방뇨를 막 끝냈는데, 이 철딱서니 없는 여학생이 다 봤노란 듯이 인사를 드렸다. 평소의 팡팡한 걸음새를 풀어뜨리고 술에 젖은 아버지처럼 오히려 나긋하고 따뜻하게 내 어깨를 안고 걸으셨다. 추레하게 헤 풀어진 그 모습도 사람이 사는 귀한 모습의 일면이라고, 그때엔 이해하기 힘들었던 얘기도 들려주시며.

서툴게 부드럽고, 파죽지세를 가졌으나 바람에 스렁스렁 흔들리는 대나무 같은 남자는 언제 만나도 남자다. 소찬이라도 정성으로 챙기면 수라상으로 받아들며, 절대 비열하지 않게 타인의 기쁨을 기뻐하고 남의 슬픔을 슬퍼하는 남자는 진정 남자다. 아무리 태어난 차이의 강이 깊어도 인간이라는 가교를 놓을 줄 아는 여자와 남자가 되어야 한다. 공백空白이 아니라 여백餘白이 있는 동양화를 보는 거 같은 넉넉함과 자유로움이 있는 남자를 대할 때 여자는 여자이고 싶어진다. 공존공생하는 인간의 상대적 관계, 너 죽고 나 살자는 적대적 관계가 아니라 너 살고 나 살자는 화음의 관계일 때, 남자는 남자다울 수 있고 여자는 여자다울 수 있는 것이다.

남자들이여.

그대가 왕이기를 바라라. 그리하면 그대는 여왕을 맞이할 것이다.

남자들이여.

그대가 수캐이기를 바라라. 그리하면 그대는 암캐를 맞이할 것이다.

문각시는 또각또각

한 사람이 아끼고 좋아하는 노래엔 그 사람의 성품, 추억, 사람됨까지 배어 있다. 어떤 노래를 진심어리고 감칠맛나게 부를 수 있다는 건 그 노래와 이심전심, 내통함이 있기 때문일 것이다.

알고도 모른 척, 몰라서도 모른 척, 입 밖으로 소리내 말하지 않은 죽음 때문에 묻어둔 노래를 캐내고 싶다. 어쩌면 사람들은 자주 만나는 사람들에 대한 기억이나 추억보다 죽은 자에 대하여 더 선명히 인찍어두는 게 아닐까.

팔순 노모에게 전화를 올려 옛적의 구전요를 토막 토막 불러드리다가 은근슬쩍 여쭈었다. 늙은이가 어찌 옛노래까지 다 기억하고 있겠냐시더니 구절 구절 조르르 이어 부르신다.

“세상에나 잡상맞아라. 까마득한 노래를 아야, 어찌 니가 알고 있다니? 그러엄. 문각시가 우는 밤은 달이 고왔지야."

하산 밖에 두렷한 달
중천에 솟았네
찬 이슬 가을밤에
낮과 같이 밝고나
문각시는 또각또각
지렁이는 따르르르
갖가지로 우는 것
네 무삼 연윤지
내가 한번 알고자
저 달 보고 묻고저

작은외숙모는 어린 내게 무명의 시인이었다. 어머니의 표현대로라면 작은외숙모는 '까놓은 마늘쪽같이' 곱고 예쁘셨다. 여남은살짜리 계집애로선 선뜻 그 이쁨을 이해하지 못한 채 그 말만 기억에 박혔다. 그러다 살림을 사노라고 또록또록한 육쪽마늘을 까는 동안에, 그 표현이야말로 한국여인의 미를 얼마나 잘 드러낸 비유인가를 느끼게 되었다.

지프차를 타고 목천포다리를 건너, 흙먼지를 풀풀 날리며 강둑길을 지나 외가로 가던 길. 구름 한 점 없이 청명하던 어린 시절, 작은외가에서 밤을 보내기를 좋아했다.

잠들 무렵, 윗목에 앉혀놓은 콩나물시루에 물 내려주는 소리를 듣는 게 좋았다. 아우들에게 빼앗긴 엄마의 젖가슴 대신 외할머니의 물렁하고 부드러운 젖가슴에 코를 박고 자는 일도 좋았다.

지렁이 우는 소리를 들려주던 곳. 상것이 되지 않으려면 침묵하라고 일러주시던 터. 가끔씩 별똥별이 지면 소원을 빌 수 있던 밤하늘.

그런 어느 밤, 밤똥 마렵다는 내 손을 이끌고, 작은외숙모는 닭장 앞에 섰다. 횃대 위에 앉아 눈알을 굴리는 닭들에게 절을 시켰다. 금방이라도 귀신이 튀어나올 것만 같아－우리 어릴 땐 귀신이 무서움의 대상이었다.－ 난가리, 헛간, 두엄자리, 돼지울을 눈 딱 뜨고 두리번거리며 불안해하는 질녀를 위해 노래를 부르셨다. 그러면 검푸른 하늘 가득 송알송알 빛나던 별들이 와르르 쏟아질 거 같았다. 수만 가닥 명주실을 풀어내리는 것 같은 달빛이 정말이지 고왔다.

지상엔 먹통 같은 어둠들이 웅크리고 있건만, 어린것은 이내 똥을 누는 사실도 잊고 헛간귀신, 몽당귀신, 처녀귀신이 튀어나올 것 같던 두려움을 그냥 잊어버렸다.

그 외숙모의 마지막 모습은 까맣고 꺼칠했다. 밤똥 누던 밤의 지상의 어둠처럼. 밤마실 가듯 어머니를 따라가 뵈었다. 곧바로 외숙모가 돌아가셨다는 걸 들었고, 풍문처럼, 어른들의 얘기 너머로, 연좌제에 시달림을 받는 괴로움을 못 이긴 거라고 들었다.

그 후로 한 번도 작은외숙모에 대하여 집안어른들께 여쭤본 일이 없다. 왜였을까? 인생에는 그렇게, 따져 묻고 가르치지 않아도 저절로 터득하는 이치가 있는 법이다.

대학생이었을 때 아버지는 말씀하셨다. 이십 대에 사회주의를 열망해 보지 않으면 이상을 갖지 못하는 무식한이요, 서른이 넘어 공산주의에 빠져 있으면 정신질환자라고. 사람의 목숨과 생이 보이지 않는 끈에 얽힌 채 문각시는 문각시대로, 지렁이는 지렁이대로 갖가지로 우는 연유가 도대체 무얼꼬?

작은외숙모가 스스로 이승의 끈을 놓아버린 그 나이를 한참 건너온 내 가슴에, 작은외숙모는 까놓은 마늘쪽같이 남아계신다.

제 빛을 잃어가는 저 달을 보고 세상사람들이 갖가지로 우는 까닭을 물어 본다.

찌들은 달빛이, 뭐라고? 뭐라고?

뜨개이불

여자들은 비교적 손끝놀림을 잘하고 즐겨하기도 한다. 나도 여자다. 특히 실을 다루는 일에선 제법 일가견을 가질 정도로 능수능란하여 눈을 감고도 절어낼 수 있다.

실이나 끈을 이용한 인류역사는 상고시대부터다. 끈으로 매듭을 지어 숫자나 문자를 표현하고, 식물의 질긴 덩굴끈을 이용하여 생활용품과 주거지를 마련하기도 했다. 점점 여자들과 실은 가까워졌다. 손끝이 야물어서였을 것이다.

뉴질랜드 원주민 여자들이 넓고 기다란 외떡잎식물의 잎을 갈라 천연의 실을 자아내어 아름다운 직조무늬를 엮어서 머리띠와 모자, 치마 따위를 짓는 걸 보았다. 그 손놀림은 일이라기보다 무념무상에 길든 율동 같았다.

그뿐만 아니다. 찰스 디킨스의 소설 ≪두 도시의 이야기≫ 여주인공은 뚱뚱하고 사내 같으며 입이 무거운데, 끊임없이 털실로 뜨개질을 한다. 일하는 틈틈이 뜨개질하는 옷 속에 처단 처치해야 할 적들의 성명을 무늬로 짜 넣는다. 마음에 새기듯이. 그러면서 아무런 표정도 없이 자기 자신을 뜨개질 속에 숨겨버린다.

이처럼 뜨개질은 단순하면서도 골똘한 놀이가 되며 나에게는 스스로를 다독이는 자정방법이었다. 정말이지, 내가 나일 수도 없고 바라던 삶을 향해 한 발자국도 뗄 수 없어 우울한 허무주의가 독약 번지듯 생활 구석구석에 번질 때, 실을 풀고 얽는 일은 살아있는 방법이었다.

소리 없이 고이는 목울음으로 수공에 매듭을 지었고 등나무 줄기나 노끈, 하다못해 못 신게 된 스타킹을 갈라내어 바구니, 가방, 발닦개라도 짜고 짰다. 그 무엇보다도 손뜨개질은 한숨과 방황의 수렁 같은 시간을 잘디잘게 부셔대며 산고진통보다 두렵던 아픔을 창조적으로 이겨낼 수 있게 했다. 스킬뜨기, 귀바늘뜨기, 대바늘뜨기는 호흡같이 무념의 세계로 걸어들어갈 수 있게 한 참으로 고마운 놀이였다.

1971년 그땐 니사가 흔했다. 일상의 동작과 탐독 이외의 시간에는 귀바늘을 손에 쥐고 뜨개실을 풀었다. 한여름에도 카사리사나 구정사를 플라스틱 대야에 가득 담아놓고 그 실꾸리가 줄어드는 걸 허망이 썩어 내리는 증거인 양 바라보면서 문양을 지었다.

딸애는 고등학생시기까지 마흔 벌이 넘는 뜨개옷을 입으며 자랐다. 내 손은 아이에게 줄 수 있는 모든 이야기를 담아 짜고 짰다. 어미의 기도와 고통과 인내를, 아니 아니, 내 모든 것을 꾸려 뭉친 사랑을 쩔어 입혔다.

어릴 적의 뜨개옷엔 이름을 지어줬다. 얼룩말바지, 해바라기조끼, 자주색 꽃잎과 은회색 은행잎 무늬로 꽁꽁 짰다고 해서 붙인 꽁꽁드레스는 딸애가 명명한 옷들이다. 그런 옷들은 케케묵은 털실을 재활용한 거다. 친정어머니가 새댁 때 마련하신 털실 속바지와 외투형 스웨터—그 옷본이 젊은 날의 엄마처럼 생생하다—를 짰던, 낡아진 공작사와, 친정형제들의 겨울옷으로 떠 입혀준 비아이브사의 재활용품이었다.

털실은 만년재활용품이다. 해마다 봄이 지치면 묵은 털실옷을 푼다. 토막이 나면 이어가며 공처럼 감는다. 그 공뭉치 실을 왼쪽팔꿈치와 엄지손아귀를 벌려 팔뚝 길이로 감아 타래를 지어 놓으면 그 곱슬곱슬 포근한 감촉이 신식 퍼머넨트한 어머니의 머리카락을 만질 때 같았다. 그 다음엔 펄펄 물이 끓는 가마솥 뚜껑을 열고 대나무에 걸친 실타래에 김을 쐰다. 털실 가닥마다 이스랑비가 뽀얗게 서리면서 서서히 실버들 잔가지처럼 치렁하게 늘어지는 털실에선 윤기가 살아나며 보송해진다. 감나무 그늘 아래서 색색으로 흔들리던 털실의 풍경이 그립다.

이렇게 어머니께서 수십 년 재활용한 털실의 잡동사니가, 자식들이 장성하여 출가 제금난 후에는 다락의 구석차지였다. 어머니 흰머리 얹히듯 부옇게 먼지빛을 띠고서. 어느 날 그

보따리를, 뜨개바늘을 쥐고 사는 막내딸에게 몽땅 주셨다. 벙치(벙어리새)라는 별명답게 입 꽉 다물고 앉아 그저 구석지에서 뜨개질만 해대는 막내딸을 어떤 심정으로 바라보셨을까. 돌이켜 생각하며, 그때의 어머니의 심사가 짐작되어 눈시울이 뜨거워진다.

딸애가 성장하는 동안 숄사, 꼰사, 담담사, 오공오사, 목사 등등이 내 손가락 사이로 지나갔다. 굴뚝이 있는 집모양의 지갑, '사랑의 방울'이라는 목걸이, 밥상보, 냄비집게 따위들이 정의 끈이 되어 친지들에게 선물되었다. 언니들에게는 심지어 커튼과 카페트까지 만들어 보냈다. 조각이불과 침대보는 내 삶의 조각무늬를 전하듯 외국의 친우에게 띄우기도 했다.

말복이 지나면 곧장 조끼를 뜨기 시작했다. 해마다 삼사십 벌씩 쪄어서 나눠 입히곤 했다. 그것들이 다 낡아버렸거나 폐품처리되었으면 좋겠다. 다시는 눈물짓고 싶지 않은 아픔의 흔적이니까. 너무 아파서 신음조차 낼 수 없었을 적 그때의 아픔이므로.

"너 시집갈 때, 유산으로 줄께."

"응. 엄마로 알고, 1호로 받을게요."

이런 잡담 같은 진담 속에, 장롱 안에 간직해둔 게 있다. 내가 죽으면 방울소리 달랑이며 모이자고 후배들이 나눠가진 종 모양의 목걸이, 상보와 냄비집게 몇 쌍, 수십 벌의 인형옷들. 뚱뚱이가 된 고등학교 3학년생일 때 입은 디럭스 스웨터.

그리고 외조모 때부터의 얘기가 줄줄이 담긴 조각이불이 있다. 그 뜨개이불은 이제 60년쯤 묵은 재활용 실들로 떴으며 직조한 지 19년이 된다. 홀맺힌 매듭은 세려야 셀 수 없으며 털실의 종류와 색깔이 수십 가지다. 게다가 대학입학 시험공부를 하던 딸애가 난로 옆에서 등에 덮고 앉아 졸다가 군데군데 눌려 헤졌는데, 헤진 곳에 해바라기꽃과 튤립꽃을 떠서 아플리케 자수처럼 꿰매놓은 것이다.

한겨울, 바람 씽씽 불어 어깨를 시렵게 하는 날. 딸애와 다리를 맞대고 뜨개이불을 덮고 앉아 있노라니 그 이불의 한 땀 한 땀이 마디마디진 설움 같기도 하다. 끊어지고 구멍나고 다치면서도 이렇게 잘 견뎌와, 그래서 아직 우리들의 시린 발목을 함께 덮을 수 있다니.

왜 지독하게 아프며 살아야 했는지. 사주팔자가 사납기는커녕 귀하기가 왕후장상이며 고고하다더니 어쩌자고 죽음 같은 모욕과 형벌을 달궈진 쇠 두들겨맞듯 맞아야 했는지, 그걸 정녕 지옥단련 시키는 신의 뜻으로 돌려야 하는지, 아직도 오리무중에 헤매고 있다.

화려하거나 산뜻하지도 않은 이불이지만 묵을 대로 묵은 정이 들었다. 한 올 한 올, 형형색색, 기운 꽃무늬들을 들여다보고 있으니까 어쩌면 살아왔다는 게 이러하지 싶어진다.

글로, 그림으로, 음악으로 읽어본 어느 것보다도 많은 걸 마음의 귀에 속삭인다. 저 귀바늘을 뜬 숫자는 얼만큼일까? 짜았다 풀었다, 풀었다 짜아온 실의 길이는 얼만큼일까? 살아온 날수만큼? 살아온 호흡수만큼?

누구에게나 다 그만큼의 칠정번뇌가 주어질 것이고 누구든지 이겨내지 않으면 아니 되는 칠정번뇌지 싶다.

닳아지고 토막지고 홀맺힘 투성이인 잡동사니 실로 엮어진 뜨개이불을 어루만진다.

또 살아가야 할 세월을 가늠한다.

오늘 밤에도 별이 돋아난다

한 사랑이 있었다.

겨울의 끝무렵, 스산한 바람 속에서 눈빛이 화살처럼 꽂혀드는, 살아있는 눈으로 인印찍는 걸 알 수 있었다. 아무도 예기하지 못하는 게 만남이지만 어쩐지 오래 전부터 서로에게 가까이 다가가고 있었던 듯한 만남은 필연이었다.

세월의 강을 건너면서 사랑은 반짝반짝이며 흘렀고, 때론 통곡하는 눈물이었다가 때론 산드라운 봄바람으로 지줄거렸다. 그 강물은 더불어 흐르는, 두 물방울이 모여 한 강물이 되어 흘렀다. 꽃그루처럼 지고 피고, 피고 지면서.

햇빛이 쏟아지면 참 좋았다. 바람 불어도, 비 나리고 나려도, 그래서 좋았다. 무기력하고 무심하고 무가치한 삶의 허방에서, 구멍난 창호지 틈새로 새드는 겨울햇살 한 오락 같은 여린 빛이 가슴에서 돋아나곤 했다.

말이 없어도 괜찮았다. 하늘 아래서 함께 살아있는 것만으로도 전신이 따뜻해옴을 느꼈다. 두려움 한 줌 없이, 허물어야 할, 사이의 벽 하나 느끼는 일 없이, 초장에서 뒹구는 두 마리 새끼짐승처럼 사랑은 맑았다. 사랑이 다가와서 존재에 빛을, 삶에 진실을 퍼뜨렸다. 무엇보다도 살아갈 힘을 돋우었다.

삶은 절대 비껴가선 안 된다. 사랑도 절대 비껴가선 안 된다. 삶에 어찌 해 뜨는 날만 있으랴. 마른 땅이 푸석거리도록 가문 날과 비바람이 소리치며 통곡하는 날도 있다. 결코 새지 않을 듯이 지겹고 뼈시린 밤도 이울어 여명이 열리고 한낮이 어느덧 저물어 밤이 오듯이, 사랑에게도 기쁨과 슬픔이 그렇게 돋았다가 저물었고, 사랑의 얼굴이 꽃처럼 생글 피었다가 시들었다.

삶이, 살아도 살아도 모자라듯이, 사랑은 드려도 드려도 다 못 드려서 애가 탔고 받아도 받아도 다 못 받아서 고통이었다. 사랑의 우물은 얼마나 깊길래 이성으로도 지성으로도 그 깊이에서 헤어나지 못하는가.

사랑은 서로 가까이 있으면서 목마르게 하고 때로 멀리 있으면서 그리워했다. 닿을 수 없는 두 개의 철길처럼, 그러나 그렇게 닿지 못하는 거리를 두고 나란히 뻗어가는 철길처럼.

누군들, 사랑이 자기에게 다가오길 꿈꾸지 않고 어쩌랴. 누군들, 지상에서 못다 한 사랑이 죽어 하늘의 별로 뜬다는데, 별이 되고 싶지 않으랴.

한 사랑이 있었다. 여자의 부모가 반대하므로 남자가 떠났다. 여자는 하냥 기두렸다. 어느 날, 방황 끝에 돌아온 남자가 여자의 문을 두드렸다.

"누구세요?"

"나요."

여자는 문을 열지 않았다. 남자는 떠났다가 돌아오고 또 떠났다. 긴 긴 절망과 방황 후에 남자가 다시 문을 두드렸다.

"누구세요?"

"바로 당신이요."

여자는 화들짝 문을 열었고, 두 사람은 한 영혼, 한 육신이 되어 사랑이 되었다. 실의와 방황으로 남루해진 남자에게서 빛이 돋아났고, 오랜 슬픔과 기다림에 쪼그라진 여자에게서 향기가 피어났다. 사랑이라고 말할 수 있는 완전합일의 아름다운 순간이었다.

한 사랑이 있었다.

사랑으로 인해 살아있는 날들이 큰 의미가 되고 비로소 깊어지게 되었다. 야비하고 치졸하고 더럽기까지 한 이 세상에서 맑은 바람 한 줄기 불어주던 사람. 설한풍 끝자락에 백설매처럼 피게 하던 사람. 수많은 세상폭력의 상처를 꽃씨처럼 여물게 하던 사람. 그것은 사람이 아니라 사랑이었다. 사랑의 힘이었다.

긴 세월 동안 나는 어디에 있었는가.

삶은 시작도 모르고 끝도 모른다. 사랑의 시작도 알 수 없고 사랑의 끝도 알 수 없다. 때로는 사랑도 때가 너무 이르거나 늦게 다가온다.

그래서 오늘 밤에도 별이 돋아나나 보다.

3부

봉숭아 꽃물 드네

봉숭아꽃 붉게 피는 여름이 왔네. 잘 익은 김칫국물 빛깔의 홑 봉숭아꽃. 정갈하고 다소곳한, 속내가 깊은 여인 같은, 아니 아니 속이 펑 뚫린 여인의 그리움되어 피는 봉숭아꽃 꽃철이 왔네.

엄마 잃고 시름시름 야위어가는 어린 계집애 봉선이. 엄마 냄새 그리워 엄마 냄새 행여 맡아질까 장독대로 새암가로 정지 뒤안 흙담 밑으로 해종일 서성이다가, 엄마 엄마 그리워 엄마 따라 죽었다네. 무덤도 없이 흙이 된 봉선이의 몸에서 꽃이 돋아났기에 봉선화라 했다네. 봉선이의 그리움 따라 장독대로 새암가로 울밑으로 꽃씨들이 달려갔다네.

봉숭아꽃의 꽃얘기가 새삼스레 마음에 아려드네.

어렸을 적, 초복이 지나간 여름밤 별 총총 돋아난 밤이면 별 헤며 평상에 누워 더위를 몰아냈지. 곳간채 곁에선 모깃불이 숭얼숭얼 피어오르고, 언니들이 도란거리며 장독대 돌팍에 다 봉숭아꽃잎 으깨는 소리 들렸지. 뱀도 쫓는다는 백반가루. 하얗고, 혀끝에 닿기만 해도 신 침이 줄줄 흐르는 백반가루를 송송 뿌려 몽글게 짓찧은 봉숭아꽃즙을 까슬한 호박잎에 덩그러니 담았지. 평상에 둘러앉아 제각기 손가락을 내밀면 두근두근 한 꿈이 자라기 시작했지.

새끼손톱과 약지손톱에 으깨어진 봉숭아꽃즙을 얹고 아주까리잎으로 돌돌 싼 후, 외할머니 반짇고리에서 외할머니의 한숨처럼 길고 가느란 명주실을 풀어내어 손가락 끝마디에 친친 감았지. 엄마는 보드랍고 긴 손톱 끝에 꿈을 달아매셨지.

고실고실한 삼베 홑이불에 물고기 같은 몸을 반듯이 뉘고 가슴에 두 손을 얌전히 포개면, 가슴에 먼저 꽃물이 들었지. 짧은 여름밤이니까 어서 깊은 잠 들어야 꽃물이 예쁘게 물든다는데, 그 밤엔 잠이 쉬이 오질 않았지.

큰언니 처녀손으로, 저승꽃 다닥다닥 피어난 외할머니 손을 받쳐 잡고 새끼손톱에 봉숭아물 심어드릴 때 꿈결처럼 꿈결 같은 얘길 들었네. 애야, 할머니 새끼손톱의 봉숭아꽃물은 꽃등불이란다. 언제 아주 머나먼 길 떠나실는지 모르는 할머니의 저승길, 환히 불 밝혀주는 꽃등이란다. 꽃등, 꽃등. 슬픈 듯 이쁜 듯한 꽃등이란 말을 나직하게 따라 중얼거리며 스르르 잠들곤 했지. 어린 꿈에도 꽃등 하나 밝혀 들고 하늘을 날았지, 유성처럼.

서른이 지나고 쉰이 다가드는 세월 동안, 딸아이 손톱 끝에 때에 맞춰 봉숭아꽃물 들여주면서 어린 날의 설렘도 어머니의 정한도, 외할머니의 저승길도 더욱 아름다워졌다네. 가장 짧은 복더위 속의 밤. 장마를 피하여 하늘 맑고 환한 날 밤에, 여자들끼리 두레지어 나누던 놀이. 참 이뻤네.

아련히 물든 봉숭아꽃물. 처음엔 멍청하게 보이지만, 가을이 다가들수록 손톱에는 붉은 보름달이 떴다가 반달이었다가, 샐쭉 웃는 실눈 같은 초승달이 될 무렵이면 가을은 무장무장 깊어져 무서리 내리지. 물끄러미 손톱 끝의 초승달을 바라보면 눈물 아롱아롱 그리움과 이루지 못한 기다림이 거기 머물어 있네. 꿈이 바래지듯 꽃물이 줄어가고, 그리움이 멀어지듯 꽃물이 야위어가네.

그렇게 겨울이 다가왔다 가고 봄신명이 지필 쯤이면, 건드리기만 해도 툭 터져 씨를 튕겨내는 씨주머니에서 튕겨나간 봉숭아꽃 씨알들이 새 목숨 홀로 키워 달랑달랑 고개 숙인 채 꽃 피우네. 그러면 잃었던 전설을 다시 주워들고, 땡볕을 이고서 그리움의 만월을 손톱 끝에 앉히네. 꽃등, 꽃등을 밝혀 드네. 여인의 한 생애 같은 그리움의 꽃등을, 기다림의 꽃등을 가장 많이 부리는 삭신 끝에 밝혀 드네.

세상이 변해도 버리고 싶지 않은 놀이, 결코 버릴 수 없는 그리움의 의식이네.

그리움이 봉숭아꽃 꽃물든 손톱 끝에 머무네.

찔레꽃 꽃그늘 속으로

무엇의 끝. 무엇의 정점. 그 끝에 서는 것을 극에 닿는다고 한다.

쓸쓸함의 극. 분노의 극. 허망의 극. 무기력의 극. 인생이라는 장산장강을 건너려면 여러 고비의 극에 닿는다.

무엇에 덜미를 잡혀 끄달리는지, 허망의 극지를 기어다닐 때 그 극도의 쓸쓸함을 견디기 위하여 할 수 있는 일은 아·무·말·없이 아·무·일·없이 죽은 듯이 눈을 감는 것. 마치 몇 잔의 술에 전신이 뇌작지근히 풀어져버리듯이 삶에서 뇌작뇌작 생기가 빠져나간다. 그렇게 손가락 하나 까딱하기 힘든 상태로 비몽사몽하듯이 시간의 강을 건너곤 한다. 그 시간은 때론 재빨리, 때로는 느릿느릿 흘러간다.

삶아낸 시래기 같은 육신이 방바닥과 일심동체인 양 뒤척임도 없이 적막에 싸여 있다. 질풍처럼 내달리는 차의 소리, 영원히 규칙적일 것 같은 시계의 초침소리도 적막의 소리일 뿐. 침묵의 소리가 보이고 들린다. 백설 같은 꽃잎, 찔레꽃 꽃이파리 하르르 하르르 져 날리는 화면. 그게 내 적막의 끝이다.

찔레숲은 무성했다.

잘 익은 망고색의 오솔길은 아름답고 슬펐다. 황토절벽 사이로 난 좁짱한 오솔길 양쪽에 찔레 줄기들이 넌출넌출 엉겨 터널이 되고, 나무들이 빽빽하여 그 길엔 언제나 서늘한 어두움이 깔리었다.

여문 봄바람이 살랑히 부는 날. 해거름이 깔리면 동산의 칙칙한 숲에서 작은 잡새들이 깃을 접는 소리가 조잘조잘 아득히 들려오고 건너편 산자락의 호수는 명경처럼 떠올랐다. 노을도 숨이 멎을 때쯤, 청회색 너울이 누리에 드리워지면 포르르 포르르 찔레꽃이파리 눈발처럼 떨어지고, 눈이 시려진다. 뻐꾸기 울음소리도 간간이 쿡쿠 쿡쿠 떨어지고, 눈이 서러워진다.

그러면, 어느결에 고무신과 양말을 벗어들고 맨발이 된다. 보송보송 마른 황토를 밟으며 두 갈래로 묶은 긴 머리칼을 말갈기처럼 날리며 휘휘 내달리곤 했다. 뻐꾸기가 날 부르고, 앞산의 나무들마다 팔을 저으며 날 부르고, 무엇인가, 나를 옥죄던 그 무언가가 내 가슴과 머리를 뚫고 달아나며 나를 부르는 듯이.

찔레꽃 꽃이파리마냥 떨어져 날으던 내가 닿은 곳은 적막이었다. 붉은 노을도 눈꺼풀을 내리고 호수조차도 눈을 감아버린 적막. 산마저 덩치 큰 짐승처럼 검고 길게 드러누워버린 적막. 어린 내 영혼도 적막이었다.

때로는 찔레숲 그늘 아래 홀로 서서 온 세상에 어둠이 스르르 내리는 시간을 지켜보곤 했다. 홍시색깔 둥근 해가 산 머너로 꼴깍 넘어가는 순간 무섬증이 울컥 인다. 어둠이라는 단어가 주는 공포감으로 나는 개미걸음만큼도 내디딜 힘이 없다. 눈을 감는다, 무심결에. 그렇게 있으면 귀와 코가 열리고, 보이지 않는 눈도 열린다.

실바람이 얼굴의 솜털을 일어서게 한다. 바람이 저 산의 소나무가지들을 어루만지고 오나 보다. 솔내음이 쌍긋이 스친다. 바람이 내게 달려오느라 목이 말라서 호수의 물을 퍼 마시었나 보다. 바람의 입김이 눅눅하고 보드랍다. 그렇게 바람이 실어온 이야기를 듣는 동안에, 이마에, 속눈썹에, 아니 아니 전신에 찔레꽃잎의 무게가 걸린다. 그 가벼움의 무게여. 물비린내 같기도 하고 단내 같기도 한 찔레꽃내음이 흔들린다. 순백의 꽃내음. 이슬내음. 유령같이 내 몸이 사라진 걸 느끼는 순간 반짝 눈을 뜬다.

눈을 뜨면, 나는 현실의 사람이 되고 이내 미궁을 헤매고 난 듯이 녹초가 되었다. 어느새 초롱한 개밥바라기별이 비상등처럼 초저녁 밤하늘에 돋아 있다. 어떤 언어로도 풀어내지 못할 미궁의 비상구를 빠져나오는 시간이다. 그렇게 찔레꽃이 피고 뻐꾸기 우는 봄밤엔 후줄그레하게 지쳐 죽음처럼 깊이 잠들었다.

이른봄. 둔덕마다 찔레순이 돋아나면 염소들이 오물오물 얌냠 뜯어먹어 대지만, 그 환난 중에서도 어느덧 왕성하게 줄기를 벋어내고, 굵어진 줄기마다 가시를 총총이 돋워내어 제 몸끼리 끌어안고 버티는 찔레나무.

봄도 무르익는 오뉴월, 소녀의 눈물어린 눈망울 같은 순백의 꽃잎을 피워 목메는 뻐꾸기 울음을 받아 삼키다가 ―나는 꼭, 하이얀 찔레꽃과 뻐꾸기 울음이 간통하는 것만 같다. ―그만 제 순결을 잃어버리는 찔레의 사랑. 그 설움에 겨워 제 몸을 할퀴다가 핏방울 망울망울 토하는 찔레의 겨울 꽃은 백설이 천지를 뒤덮어도 당당하게 붉다. 찔레꽃 하얀꽃 찔레꽃 빨간 열매. 배고프면 찔레순 꺾어 껍질 벗겨 자근자근 씹었다. 비릿하고 달착지근하던 싱그런 맛은 앳된 계집애의 순수 같은 맛이다.

다시는 일어서지 못할 절름발이 같은, 벼랑 끝에 안간힘으로 매달리고 있는 것 같은 공포의 끝에 서면 소녀적이고 싶어진다. 찔레나무 새순의 맛같이, 하늘하늘 떨어지는 찔레꽃잎처럼, 겨울하늘 향해 꼿꼿하고 빨간 찔레 열매마냥 소녀적이고 싶다.

소녀적이라는 말은 사물에 대하여 그리고 삶에 대하여 순수한 가치관을 가지고 있다는 말이 아닐까. 예컨대 소녀는 어떤 일로 타인을 비난하기 전에 감정적, 감각적으로 순수하게 이해한다. 새롭고 도전적이며 미래지향적으로 삶을 사고하고 용납

한다. 그러므로 나는 현실적으로 충분히 성숙된 사회인의 삶을 지탱하면서 동시에 소녀적이고 싶어한다.

무엇의 끝에 서 보라. 과거가 주마등처럼 띠를 그으며 이어져 보일 것이다.

그 완고하기 짝 없는 과거들. 일 획의 수정도 불가능한 절대 부동의 과거들이 주는 분노와 절망에 매달릴 필요는 없다. 오늘의 삶은 과거에 있는 것이 아니라 현재에 있으므로. 과거를 돌아보는 것은, 막막하기 위해서가 아니라 오늘을, 내일을 다르게 살 수 있기 위하여서다.

무엇의 끝에 닿을 때, 최면에 걸린 사람처럼 떠난다. 찔레꽃 피는 꽃그늘의 적막으로. 나를 나로부터 방생하고 세상에게서 자유케 하기 위하여.

아직도 나는, 못다 한 삶사랑이 그리운가 보다.

자귀나무꽃

꽃을 사랑하는 이에게 여름은 축복의 계절이다. 땀흘리며 긴긴날을 견뎌야 하는 우리에게 거기 그렇게 저 홀로 피어나는 꽃들은 위로의 선물이다.

서럽고 쓸쓸하고 혹독한 한겨울을 마저 보내기도 전에, 입춘이면 벌써 큰개불알꽃이나 쇠별꽃, 광대나물꽃, 보리뺑이랑 서나서나 설중매가 핀다. 이내 앵초, 노루귀, 솜나물, 아기괭이눈, 복수초, 영춘화가 피고 피고, 성큼 성큼 잇따라 개나리, 진달래, 살구꽃, 자두꽃, 벚꽃에 도화와 이화가 산야에 흐드러진다. 잎새도 없는 채 무더기 무더기 4월의 꽃들이 천지를 흔든다.

이제 훈풍과 온기로 약차오른 오뉴월. 다년생 나무들이 풋풋한 이파리 사이로 숭어리 숭어리 꽃숭어리를 매달고서 눈을 시리게 하고 코를 흥흥거리게 한다. 별밤에 수많은 등잔을 매단 듯한 아까시꽃과 단내 솔솔 풍기는 이팝꽃 더미. 꽃사태 나도 나는 좋아라. 수수꽃다리 몽실몽실 향내를 길어올려 그냥 지나갈 뻔한 발길을 부여잡고, 화사하고 흐벅진 화중왕 모란꽃이 벙글었다가 건듯 스치는 바람에 놀란 양, 고 맑은 꽃잎을 뚝뚝 지운다. 그냥 무질러져버린 내 서러운 청춘이 진다.

이렇게 앞서거니뒤서거니하면서 새롭고 다른 모습으로 꽃 표정이 이어진다. 어지간히, 다년생 수목화가 이울면 더위가 임신 칠 삭만큼 배부르는 7월. 7월은 잎새들이 푸를 대로 푸르러져 장년의 기운을 뿜어낸다. 마치 오랫동안 목적해 온 형상을 완성한 듯 여름을 푸르게 예찬한다. 오직 초록내음. 그 초록내음에 섞여 아득한 향기를 보내오는 꽃 자귀꽃. 무더위에 합죽선 펼치듯 피는 꽃.

자귀나무는 잎도 꽃도 특이하다.

잎자루에 낫날 모양의, 잘디잔 잎을 지네발처럼 질서 있게 달고 있다. 그 잎들이 하는 양을 보자. 날이 몹시 궂거나 흐릴 때, 또 밤이 되면 어김없이 마주보는 잎새끼리 일심동체 한몸으로 껴안고 눕는다. 오죽하면 합환목合歡木 또는 야합수夜合樹라 할까.

그래선가 봐. 부부금슬이 좋기를, 속궁합이 어울어지기를 기원해서 신방 창가에 정원수로 친정부모가 심어주던 나무란다. 연분홍 자귀꽃이 만발하여 달빛을 받으면 숙고사로 지은 차렵이불을 펼친 듯, 부끄러운 듯한 행복을 누려보고 싶어지지 않을 아내가 어디 있을까. 그렇게 밤마다 사랑으로 피어난 꽃이길래 부끄러운 색깔로 꽃피는가 몰라.

꽃도 별나다. 종모양의 꽃관은 숨어 있는 채 윗부분만 분홍 물든 꽃수술들이 일어선 꽃모양이다. 사내꽃이다. 꽃내음조차 비린 듯 단내 뿜는 살내음이 난다.

나무의 모양새는 햇살도 걸러내는 모시치마처럼 여성적인데, 그 나뭇가지는 매끈하면서도 단단하다. 마른 땅 아무데나 말뚝으로 박아 소나 염소를 매어두는 기둥으로 쓰거나 아궁이에 불 지필 때 부지깽이로 사용했다. 지푸라기를 고루 펴서 불지피거나 다독다독 잿불을 눌러대며 아궁이를 들낙이면서도 자귀나무 부지깽이는 불에 잘 타지 않았다. 세상에서 제일 강하게 잘 견디는 나무가 자굿대나무－자귀나무의 전라도 사투리－라고 했다.

아, 자귀꽃 그늘 아래 서니 자박자박 꽃버선이 걸어나온다. 어머니는 자연의 멋을 생활에 재현하는 멋쟁이였다.

명절이면 늘 한복을 고이 빚어주셨다. 그때, 하이얀 옥양목 버선코에 달아주신 꽃방울이 자귀꽃이었다.

붉게 윤기나는 명주실을 겹겹이 접어 한가운데를 묶고, 그 묶은 부분을 중심으로 양쪽 가닥을 모아 아기손가락 한 마디쯤 길이로 동실하게 동여매고 실가락 가락을 펼치면 영락없이 자귀꽃이다. 주머니끈이나 버선코에, 밥상보 고리로도 달았다. 이렇게 자귀꽃을 보고 있으면, 지금은 잃어버린 전설 같은 기억들이 실실이 걸어나온다.

나는 이러한 얘기들로 외롭지 않다만 내 딸애는 무엇으로 나를 추억할까.

가을바람이 어느새 삽상하다. 여름철에 꽃으로 환희를 주던 자귀나무 잎이 노랗게 물들어 마치 날벌레 날듯이 그 작은 잎새들을 떨군다. 달그락 달각 달그락 달각, 자귀꽃이 남긴 꼬투리가 리듬악기 연주를 한다. 유정수有情樹라더니, 한여름 밤의 사랑을 못내 아쉬워하나 보다. 가을바람아 자꾸만 불어라. 지나간 청춘의 사랑을 실컷 노래하도록.

꽃들은 언제나 새롭다. 순결과 인내와 기다림으로 창조하는 방법을 알려준다. 꽃을 통하여 사색하는 길에는 인생의 내면이 도사리고 있다. 삶의 내면을 열어주는 꽃. 막막하고 심드렁하고 자기자신이 한없이 낮아질 때 찾아가면 생명의 값을 깨닫게 해준다. 그래도 살아라. 지금 서 있는 그 자리가 네 꽃자리다. 더욱이 땡볕 여름날도 목마르며 견디며, 저러이 하늘하늘 꽃 피는 걸 보아. 자귀꽃이 못견디게 지치는 여름날을 일으켜 세워 준다. 사랑나무 자귀꽃.

신이 가장 천진하고 무구한 마음으로 창조한 것이 꽃일지도 모른다. 꽃들은 그냥 그대로 산다.

자귀꽃이 피어 무더운 여름이 지겹지 않다.

코스모스 꽃길로

한여름 땡빛이 부서지는 초록벌판에는 늘 살사리꽃이 간당간당 흔들린다. 금만경 넓은 들 그 서쪽 바다 끝으로 꽃띠를 이어놓는 꽃. 햇빛에 눈부셔 눈까풀을 조여뜨면, 꿈길에서 수없이 낙하하는 꽃핀을 받아 온몸에 치장하던 날들이 달려온다. 꿈속의 꽃핀 같은 꽃 어여쁜 꽃 살사리꽃.

생명 있는 것들은 제 살기에 마땅한 땅에서 살아간다. 하지만 코스모스는 지대가 높거나 낮거나, 진땅이건 마른땅이건 가리지 않는다. 게다가 한두 그루씩 화분에나 꽃밭에 정성스레 가꾸기를 바라지도 않는다. 그런데도 어디선가 홀로 자라고 피어나, 매양 생글생글 환히 마음 열어주는 잡초 같은 꽃이다.

신이 인간에게 선물한 사랑의 현신인 꽃. 그중에 첫사랑으로 지상에 피어나게 한 꽃이 코스모스란다. 가장 완벽한 정성의 꽃이다. 첫마음의 꽃이다.

코스모스는 구중심처 산속에보다 거칠 것 없는 들판에 피어야 제격이다. 꽃의 내색內色을 생각하면 그렇다. 살사리꽃이라는 별명마냥 나긋나긋 간살스레 알랑거리면서도, 벌판을 질주하는 모진 바람에 금세 허리 뚝 부러질 것마냥 몸부림을 치다가도 기어이 바로 서는 강인한 성품이다. 불볕 복더위에 물 한 바가지 주욱 부어주지 않은 척박한 땅에서도 살아낸다. 지네발처럼 가락가락 곁뿌리를 세워 바람에 쓰러지지 않으며, 줄기의 속을 욕심 없이 텅 비워 물—식물의 기본자양에도 굶주려하지 않으며, 긴 장마에도 썩어 문드러지지 않는다.

그런가 하면 한 번 터를 잡은 자리에선 스스로 생명을 이어간다. 보릿고개 봄가뭄에도 낫날 같은 씨는 인고의 몸을 풀어 얼레빗살 같은 잎을 피운다. 자랄수록 빈 대공이므로 바람에 흔들리나 쉬이 부러지지 않으며, 그 잎들은 머슴놈 삼베잠뱅이처럼 성글어 어떤 폭풍우도 맞받아내며 몸을 상하게 하진 않는다. 스스로 비워내고 견디어내는 힘을 길렀으니 시련과 고통을 원망하지 않는다. 마르고 여려 보이지만, 악조건 속에서 더 강하게 살아낸다. 그래서 더욱 순하고 환히 하늘 향해 찬양의 몸짓을 하는지도 모른다. 외유내강의 코스모스다.

코스모스는 빈 자리의 꽃이다.

징그럽도록 짙푸러져 성욕 같은 입김을 훅훅 뿜는 아산의 수목들. 음침하게 보이는 숲 사이로 초록색 모본단을 깔아놓은 듯 끝없이 펼쳐진 금만경 들녘. 간간이 백로가 더욱 눈부시게 쉬고 있는 그 벌판에 웬 나비떼가 점점이 날고 있다. 작열하는 태양 아래 흰 나비 나비떼, 그건 바로 아주 멀리서 바라다보이는 코스모스꽃들이다.

해발 20m~30m 정도의 소나무동산과 마을 사이로 이어진 길 코스모스 꽃길. 특히 광활땅을 광활하게, 그러나 지루하지 않게 하려는 듯 어머니의 고요한 눈물처럼 돋아있는 꽃길. 그 길에선 언제나 아버지와 하얀 교복의 소녀가 겹쳐 피어난다.

목천포다리를 지나 외가로 가던 논밭둑길에서 반겨주던 꽃. 청하와 만경을 지나 죽산, 백산 들녘을 돌아 변산바다로 달리는 황톳길에 사열하듯 줄줄이 서서 끄덕끄덕 목례를 하던 꽃들 꽃들.

지프는 거의 황톳길과 돌밭길을 재미나게 달렸다. 뒷좌석에 달랑 올라앉아 차창에 코를 박고 지평선을 바라본다. 저녁연기처럼 황토먼지 바람이 몽실몽실 피어나 하늘 끝으로 퍼져 사라진다. 그 길가에 점, 점, 점, 분홍꽃, 흰꽃, 자주꽃이 보이다간 사라지고 보이다간 사라지고. 막막한 사막을 달리며 거기 어딘가에 꽃핀을 떨어뜨린 채, 다시 주우러 갈 수도 없이……. 그 풍경은 아무리 되풀이해도 슬프고 아름답다. 변질되지 않는다. 어른이 되어서도 코스모스꽃송이를 따서 머리에 꽂아 본다. 잃어버린 꽃핀을 주워 꽂듯이, 전설을 줍듯이.

울안 샘가나 장독가에 꽃밭이 있었다. 거기엔 채송화, 봉숭아, 분꽃, 족두리꽃이나 창포꽃, 원추리, 참나리꽃이 흔했다.

그런 꽃들은 화려하거나 산뜻하지가 않다. 마치 시집살이나 부엌데기를 연상시키듯 조촐하거나 안쓰럽고 투박하다. 부드러이 표현해서 소박하고 촌스럽다.

그런 꽃들과 달리 낭창하고 화사한 꽃 코스모스꽃. 큰언니가 허리 질끈 동여 조이고 버선발을 가뿐가뿐 옮기며 장고춤을 추듯이 나붓나붓 나부끼는 살사리꽃. 몇 사람을 위해서 가꿔지는 게 아니라 공한지나 나대지, 들길에서 영광을 무한천공에 올리는 꽃. 한여름 땡볕 아래 피기 시작하여 서리 내릴 때까지 백 날을 이어 피는 꽃 코스모스꽃.

만경강 둑길에 초저녁 달빛이 은실을 드리운다. 밤하늘인데도, 암청색 깊디깊은 호수처럼 밝고 그윽하다. 단발머리 두 소녀가 꽃길을 간다. 밤강이 달빛에 몸을 씻는 소리가 들린다. 소녀는 코스모스꽃을 따서 목천교 난간에 기대어 강물에 던진다. 꽃배가 점점점 흘러간다. 도도한 강물에 일엽편주다. 신비한 공기, 신묘한 기운, 신성한 소녀의 미래가 한데 어우러진다.

그 두 소녀가 어떤 어른의 삶을 살더라도, 그 어른의 심전에 뿌려진 그 밤의 꽃씨는 꽃펴야 한다. 그래서 코스모스꽃이 필 때면 초저녁 달밤을 기다려야 한다. 너무 모자라지도 않고 꽉 차지도 않은 넉넉한 달. 기울어가지 않는 열사흘 달밤에 코스모스꽃 한 송이 머리카락 사이에 꽂으면, 아직 삶의 꿈이 빛바래지 않는다, 바래지 않는다. 코스모스꽃은 소녀의 사랑과 꿈의 죽음에 바치는 꽃인가. 그 소녀, 어데 갔느냐.

소녀의 꿈처럼 한 번도 지저분하지 않은 꽃이 코스모스다. 여덟 장의 꽃잎이 지는 줄 모르게 한 잎씩 날아간다, 나비처럼. 그 위로 은빛 금빛 가루를 뿌리는 잠자리떼랑 함께 군무를 한다. 소녀는 꽃대공을 꺾어서 꽃잎과 꽃잎 사이의 꽃잎 네 장을 입술로 물어내어 팔랑개비를 만들어, 두 손바닥 사이에 끼우고 앞뒤로 비비다간 두웅 하늘에 띄우고.

어느 땅에나 피어나지만, 코스모스꽃이 가장 아름다운 꽃길은 역시 금만경 너른 벌에 논두렁 사잇길이다. 서서히 여물기 시작한 겨자색 벌판. 꽃 같지도 않은 벼꽃, 그러나 가장 소중한 목숨의 꽃 벼꽃이 단내를 훅훅 뿜는 기나긴 길로 그대 오소서. 벽골제에 서서 지평선 위의 청람하늘에 그리운 사람의 얼굴을 그려보고, 우리는 무엇을 바라며 무엇을 하며 여기까지 걸어왔나 잠시 돌아보고, 그리고 광활과 진봉의 코스모스꽃 주우욱 이어진 논배미 사잇길에서, 잃어버린 혹은 잊어버린 추억을 만들거나 꺼내 보소서.

초가실 바람이 산들산들, 만발한 코스모스 몸매가 간들간들, 여인도 일상의 일손을 놓고 한들한들, 꿈결의 소녀가 된다. 자주색 코스모스꽃잎을 따서 꽃잎의 3등분된 결대로 갈라내어 입술에 침을 묻혀 꽃잎을 바른다. 그리곤 실핀에 분홍꽃을 꿰어 옆머리에 꽂고, 손가락 사이엔 보석보다 찬란한 코스모스꽃 꽃반지를 낀다. 살랑살랑 몸을 흔들거리며 콧노래 흥얼, 어느 곱게 미친 여자가 된다. 꽃처럼 미친 여자, 순결하고 무죄한 여자가 된다. 이러이 막막한 길에서도 꽃길 따라 가는 길엔 꿈을 꾼다. 코스모스의 내색으로 지켜온 여인의 삶. 그 인고 속에 별처럼 영롱한 즐거움이 때론 꽃피기에 쓰러지지 않고 버틴다.

살고 보면 아침이슬처럼 잠깐 있다 스러지는 인생이라고 할지라도, 길고 지루하고 막막한 시간을 헉헉이며 숨죽이며 가는 인생길이다. 꿈은 늘 깨지게 마련이고 현실은 사방에 벽이다. 그러나 벽 속에 갇혀서도 때로 눈을 감으면, 지나온 어딘가에 꽃길과 같은 몇몇 풍경이 눈물이슬 되어 번져나온다. 그 기억들이 메마른 숨을 다독여주곤 한다.

코스모스꽃길. 그대가 가꾼 적 없으나 그대를 기다리며 한판 꿈의 축제를 벌이는 들길. 소녀에겐 목젖을 내놓고 깔깔거리는 환함을 주고, 여인에겐 그 꽃 한 송이로 인생을 보고 우주를 느끼고 신을 찬미하게 한다.

빈 마음으로 강단 있게 인생을 견뎌가는 들녘의 아낙 같은 코스모스꽃이 200리길 금만경 벌판길에서 초혼한다.

청도라지빛 하늘 눈부시고 매미울음도 사위어간 가을. 소녀랑 여인이여, 한들한들 오소서

세상 것 죄다 잊고 꽃길로 오소서. 살사리꽃 코스모스꽃 꽃길로 그대 오소서.

연蓮, 꽃잎 여는 소리

초록이 이글거립니다. 초록으로 말갛게 씻기워지는 칠월입니다. 칠월의 연지는 물못이 아니라 초록밭입니다.

연지蓮池는 더디 깨어납니다. 춘삼월 햇빛이 호수를 명경같이 비추고 봄햇살이 연인의 손길처럼 호면을 애무해도 쉬이 반응하지 않습니다. 그러다 깊어진 봄날 끝자락에, 뾰족뾰족 다문 입술처럼 돋아올린 새 잎을 화들짝 펼칩니다. 그 등시렇고 해맑은 얼굴을 들면 비린 듯 향긋한 내음이 솔솔 뿌려집니다.

그리고 성큼 여름. 연지도 성큼성큼 초록으로 덮여갑니다. 한여름 땡볕열기가 갖은 냄새를 버무려, 목구멍과 심기가 무지근해지고 탁해지는 때지만, 연지는 실팍하고 풍성한 진초록 바다 같습니다. 짱짱한 잎을 겹쳐 잇닿은 저 연엽교蓮葉橋를 통통통 가비야이 밟고 연지를 건너갈 수 있을 것 같아집니다. 혹은 그렇게 내게로 걸어와 줄 사람을 기다려야 할 것 같아집니다. 하냥 서 있으면, 바람 한 점 스치지 않아도 잠자리처럼 투명한 날갯짓이 온몸을 감돌아 머릿속이 보송보송 개운해집니다. 사노라면 귀찮고 하찮은 고민거리가 달라붙게 마련이지요. 그러나 또 이렇게 서서 고요해지면, 이전에 잿였던 선현의 말씀이 죽비되어 머리와 가슴을 칩니다.

사람은 허구한 날, 하고많은 세상사에 찔려 아파하고 괴로워합니다. 또 목숨과 삶에 수놓아진 손톱자국과 멍자국을 들여다보며 분노와 절망의 지옥에 빠집니다. 누구나 그렇게 살다 갔고, 그렇게 사는 것. 그전의 연지처럼 작년의 연지가 그랬고 올해도 그럴 것처럼 말입니다.

새벽안개 가득 부유하는 연지에서 한 토막 얘기가 뒷덜미를 치더군요. 인간의 번뇌와 고통이 갠지스강의 모래알만큼이라고요! 이 몸을 바수어 알갱이를 센다 한들 갠지스강의 모래알의 몇 분의 몇이나 될꼬! 한 주먹 쥐어도 스르르 새어나가버릴 모래알 같은, 알량꼴량한 괴로움과 번민을 축구공 차듯 뻥! 걷어차버렸습니다. 지옥문을 스스로 만드는 게 사람입디다 그려!

이렇게 동틀녘 연지는 초혼하듯이 내게 손짓을 합니다. 짧디짧은 여름밤마저 뒤척인 새벽, 여명에의 인사를 합니다. 물안개에 감싸안긴 연지는 오직 고요와 적막입니다. 그 어느 순간 건지산 위로 불쑥 태양이 솟으며 물안개를 온통 무지개빛으로 물들일 때, 연지에선 분홍색 미소가 서서히 떠오릅니다. 신비하고 신령스럽습니다.

정물이 되어 미풍처럼 가만가만 숨을 고르고 귀를 엽니다. 마른 갈잎에 솔잎이 떨어지는 듯한 소리가 아득히 울려옵니다. 특, 특, 특, 꽃잎 끝을 가르는 소리. 연화가 꽃몸을 여는 소리. 들릴 듯 말 듯, 둔탁하면서도 미세하게, 세계를 여는 소리입니다. 샛노랑 꽃수술에 싸여 있는 연노랑 연자蓮子. 마치 순결하고 어린 달라이 라마 같습니다. 이내 물안개가 햇살에 부서져 흐르기 시작하면 뭉클뭉클 연향이 떠다닙니다. 고요하다, 깊다, 고밖에 표현할 길이 없지요.

한여름 복더위 때, 노모老母의 손을 잡고 걸으며 밤내 고여 올린 연향을 마셨습니다. 부들과 갈대숲 사이에선 덤불해오라기가 미이라색 새끼들과 마악 잠을 털어냅니다. 느닷없이 물총새 한 마리가 비취빛 날개를 펼치고 파르르르 연엽을 차고 건너갑니다.

"세상에……. 얼마 만에 쇠새를 다 보는구나."

잠 덜 깬 말잠자리, 각시잠자리랑 미동도 없는데, 어머니는 물총새 따라 어디론가 날아가고 있습니다. 동분서주하며 건너오신 세월 저쪽 먼 먼 기억 속의 파랑새를 떠올리시나, 한없이 작아져 갑니다. 어머니의 젊은 날들은 누가 가져갔을까.

오동보라색 숙고사 한복을 입은 젊은 어머니가 조각배에 앉아 말이 없고, 그 곁에 나뭇잎무늬의 포플린 원피스를 입은 계집아이가 손으로 물속을 간지르고 있습니다. 배젓개처럼 긴 아버지의 팔뚝에 힘이 돋을 때마다 찰박찰박 물소리가 들려옵니다. 고단한 삶의 책갈피에 꽃잎이나 풀잎이 되어주는 정경. 꽉 막힌 벽에 한 폭의 그림이 되고 시가 되어줍니다.

지나간 일은 모두 아름다운 추억이라는 말은 틀립니다. 아름다운 기억이 아름다울 뿐이지요. 쓰리고 더러운 기억은 언제라도 쓰리고 더럽더라고요. 좋은 추억이 많으면 좋은 인생이고, 거친 추억이 많으면 거친 삶입니다.

몇해 전, 아침의 덕진연지에서 법정法頂스님을 뵈었습니다. 연향에 감싸여 연꽃을 만나는 스님을. 마음으로 하로차荷露茶 한 잔 올렸습니다. 살짝 젖혀진 연꽃잎 한 잎을 찻종 삼고, 하엽荷葉에 방울진 이슬을 털어 심열心熱로 달였지요. 그 진공 같은 고요를 차마 허물 수 없어, 발치 너머 내심內心으로 올렸습니다.

싯달타께서 득도하신 후 걸음걸음 걸으실 때마다 벙글었다는 연꽃 도통화道通花. 언감생심이지만, 어느 때쯤이면 이 몸에서 잡풀꽃 한 송이라도 돋아날까.

미천하고 허물투성이인 이승을 살면서, 할 수 있는 대로 선업을 지어, 혹 저승에서나 화생化生할 수 있기를 죽도록 빌까. 그러자면 물방울 한 톨까지 털어버리는 연처럼 이승의 욕망과 근심을 털 줄을 배워야겠습니다. 연의 내색內色을 입어야겠습니다.

약지마디만한 연자 한 톨. 씨에서 흔히 생명의 시작과 함께 죽음도 시작됨을 생각하게 합니다. 봄에 새싹이 트고 성장하여 씨를 남기고 목숨을 버리지만, 이렇게 외양은 끊임없이 변화하고 변화할 뿐, 살아간다는 것은 곧 죽어간다는 것이요 시작한다는 것은 끝이 있다는 뜻입니다. 이승의 끈을 뚝 끊어야 하는 시간은 다가옵니다. 하루 사는 일이, 하루 죽어가는 일입니다. 잘 살아야 잘 죽겠지요.

사는 동안, 저 연꽃을 자주 생각해야겠습니다. 침묵의 설법을 자꾸 들어야겠습니다. 함께 살아야겠습니다. 함께 살면 닮아가겠지요.

삶의 문틈을 여는 매화

동천冬天 아래 나목의 잔가지가 또렷하다. 동지가 지나 햇살이 물러서고 바람이 솔찬히 시려진다. 서가 옆에 걸린 매화 매자梅字가 더욱 도드라진다.

어머니 정휴당貞休堂께서 써주신 '매일생한불매향梅一生寒不賣香'의 매자梅字는 매화 밑동처럼 굳건하고 든든하여 암향을 품고 있다. 그 글씨가 자꾸 말한다. 견디어라, 찢어지고 아프면서야 삶은 견딜 수 있느니라,고. 아픔 가운데서 때로 꽃피고 열매를 맺는 게 인생이라고.

한켠에는 소치小癡 허유許維님의 화첩 매화가 몇 송이 정갈하게 벙글어 내 이마에 매화장梅花妝을 해준다.

소치의 매화는 서른 무렵에 내 것이 되었다. 웬만한 장롱을 들이느니 그 대신 선택한 그림이다.

그 후로 이날까지 겨울마다 나와 한방에서 동고동락한다. 동지섣달 긴 긴 밤에 궁여매위우窮與梅爲友요, 음수독선서飮水讀仙書하게 한다. 허접스런 속인들의 얘기를 잠시 밀쳐내고 세심洗心하려는 것이다. 삶이란 게 기실 소설이나 영화보다 무겁고 아프고 신비로운 법. 나의 짐을 스스로 따져보고 벗어보려는 것이다.

눈이라도 밤의 창문을 건드리는 밤엔 장사보張士保의 백매를 내어 건다. 흙바람색 바탕에 백화白花가 서늘하다. 용수향한龍瘦香寒 화제마냥 직립한 꽃가지가 예지롭다. 바람이라도 새어들라치면 한지창에 매화나무 잔가지가 스치는 듯 환청하고, 빙옥일색氷玉一色의 매화꽃잎이 어지러이 날아드는 듯하여 목이 멘다.

생각이 매화꽃잎이 되어 날린다.

인생에는 절망이라는 함정이 준비되어 있고 때로는 그 구덩이에 빠지기도 하는 법이지. 그때에 스스로 절망낙담하지 않으려고 안간힘 하는 법이지. 살아있다면, 살고자 한다면, 고통은 견딜 수 있는 것.

일상의 한 가지 한 가지 일들과 한 시간 시간들을 살맛나는 양 치르려고 열중하다 보면 정말로 살맛나는 건지, 살맛나는 척만 하는 건지 분간이 없게 된다. 가식이 점점 진실로써 심신에 배어드는 것이다. 처음엔 참이 아니었다 해도, 하루하루 살아갈 힘이 되어 주고 결국엔 삶의 진실이 되는 것이다.

고승거유의 말씀에서보다 때로 더 강하게 삶의 문틈을 열어주는 매화. 바라보는 것만으로도 스스로 생각케 하고 끄덕끄덕 긍정적 태도로 쓰러짐에서 일어서게 한다.

매화가 속삭인다.

죽기보다 잘 늙기가 어려우니라. 살아있는 한, 죽은 듯한 등걸에서 새 가지를 돋우어라.

문향견성聞香見聲이 멀어도

난蘭과 동거한 얘기 좀 하련다.

이제 지명知命이요 난을 곁에 두고 살아온 지 스무 해쯤 되니 난에 얽힌 이야기를 좀 해도 염치없지는 않겠지 싶다.

소탈한 춘란 몇 촉을 가꾸던 20년 전쯤엔 감히 난화분을 곁에 둘 엄두를 내지 못했다. 난은 선비의 식물이다, 고결한 품성으로만 길러낼 수 있다, 제법 고가의 귀족풍 완상품이라는 둥 주워섬기는 사람들의 그 고정관념에 묶여서였다.

그래서 좀 생색낼 만한 사람에게 선사하기는 해도 내 집에 쉬이 들앉히지 못했다. 말 못한 내욕內欲으로는, 누군가 친한 벗이 큰맘먹고 내 책들 옆에 한 분 터억 놓아주길 기다렸지만.

어찌됐든 20년 전, 아파트생활을 시작하면서 난蘭 식구는 내게 시집와서 나의 부양가족이 되었다.

첫사랑이 된 관음소심에 얽힌 내 사랑을 보자.

어느 날 친구네에 갔더니, 꽃대공이 늘씬하게 솟아오른 관음소심이 의젓하게 맞이해줬다. 그 당당하고 우아한 모습이 몇 달 뒤에는 뿌리째 뽑혀져 나뒹굴었다. 잎새는 말라비틀어지고 뿌리는 텅 비거나 검은 곰팡이에 멍든 채였다.

발코니에 쭈그리고 앉아, 팽개쳐진 내 삶을 보는 듯이 한참을 들여다보다가 두어 개 푸른 기운이 남은 발부를 주워 왔다. 살면 살고, 죽으면 죽고, 하나 아직 생명이 소생될지도 모르니 최선을 다해 돌보자고.

흐르는 물로 세례주듯 병든 발부를 씻어 화분에 앉혔다. 그리고 페트PET병 밑동에 구멍을 송송 뚫어 분 위에 덮어 난 인큐베이터를 만들었다.

페트병 안쪽에 이슬이 안개처럼 맺히는 날이 끝나면 물을 주면서 서너 달을 기다렸다. 애가 타기도 했지만 기다렸다, 스스로 살고 싶어질 때가 오기를.

때는 하느님이 정하셨다. 드디어 어느 아침 햇살 속에서 여리디여린 연두색 새 촉이 난석을 뚫고 연필심지처럼 돋아난 걸 보았다! 무작정한 기다림 뒤, 아! 하고 비명 같은 기쁨의 소리가 들렸다. 소생의 소리는 시작되었다.

몇 날 며칠을 혼자서 헤실헤실 웃음을 흘렸다. 그 웃음 속에 눈물이 고였다. 잠에서 깨어 맨 먼저 눈을 주고, 바깥 일과에서 돌아오면 안쓰러운 아이의 등 토닥여주듯 다독다독 다독여주었다.

죽은 나무에 꽃 피우기랄까. 그 첫 촉은 생명 있는 것들에겐 모두 자생력이 있다는 걸 깨닫게 했고, 무엇보다도 뿌리째 썩어 흔들리는 것 같던 내 삶에 용기와 생기를 주었다. 병들어 죽어가던 난과 함께 나는 기다렸고, 함께 견뎠고, 함께 일어선 셈이다.

그렇게 소생하기 시작하여 기품있고 당차게 식구를 불려갔고, 분총하여 솔가한 관음소심란이 여럿이다.

그뿐이랴. 해마다 꽃대공을 올려 기쁨과 감사를 가르쳐 주었다. 난꽃을 해마다 피우면 그 난은 머잖아 생명을 다한다고 말들 하지만, 천만에였다. 몇 해 전에는 한 화분에서 일곱 대공이의 꽃대가 소롯이 올라 그야말로 장관을 이루었다.

서른 송이 소심란화는, 해질녘 소나무 숲에 마악 백로가 나래를 내리는 듯이 우아하고 고요했다. 아침 햇빛에 꽃줄기 마디의 꽃이슬이 영롱하게 반짝임은 하느님의 보이지 않는 은혜요, 노을이 깔린 유리창 안에서 파드락이는 난화는 사랑의 눈물이었다.

내가 난에게 들려준 건 내 삶의 얘기였고 내 방식의 사랑이었다.

이른 햇빛 속에서 물을 내리면 난석에 물먹히는 소리가 시바시바 시바 하며 들려, 내 아이 젖물릴 때 딸애 옹알이처럼 사랑스러웠다. 겨울철엔 행여 시려 할까 봐, 방바닥에 미리 떠다 놓았다가 미지근해진 물을 먹였다.

아파트의 슬라브가 복더위에 훅훅 열기를 뿜어댈 때면 외출에서 귀가하자마자 선풍기의 미풍을 내 자신에게보다 먼저 그들을 향해 날려줬다.

여러 촉씩 새 촉을 올리면 "여럿 자식 거두려니 얼마나 힘드니? 내가 보약 줄게." 소리내어 이야기하며 하이포넥스를 뿌렸다.

창 가득 달빛 쏟아지면 창턱에 걸터앉아 "참으로 조촐하고 기품있는 이는 바로 너로구나." 칭찬도 서슴지 않았다.

비가 내리면 쇼팽을 함께 들었고 지치고 괴로울 땐 차이코프스키의 파데티크를 우렁우렁 울리며 함께 흔들렸고 밤마다 서로에게 잘 쉬라고 격려했다.

난을 기른다는 것은 선비의 품격도 거창한 재배술도 그 아무것도 아니다. 농부가 벼를 기르고 배추를 가꾸는 게 제 삶을 사랑하는 일이듯, 그저 내 삶을 꾸리는 정성으로 함께 살아가면 된다. 나는 내 울안의 가장家長이고, 저 난들은 나와 하루하루를 나눠먹고 사는 가족일 뿐이다. 그렇게 함께 살았다.

난을 닮고 싶다.

난은 당당하다. 병들어 죽어갈 때까지 당당하다. 난엽은 바람이 세차게 불어도 방정스레 나불대지 않으며, 그러나 미풍만 지나가도 보일 듯 말 듯 부드러운 몸짓으로 반응한다.

웅란雄蘭이라 일컫는 건란은 어깨 넓고 건강한 남자를 대하는 듯 믿음직하고 흐뭇하다. 잎 벋음이 기세 좋고 활달하여 잎을 볼 때마다 격려를 받는 기분이다. 보세란은 윤기 자르르한 진초록 잎이 펑퍼짐하면서도 의젓하다. 내 어머니가 붓 잡아 계실 때처럼 기품있고 편안하다. 방안이 헤적거리게 느껴질 때, 보세란 한 분을 눈높이에 맞춰 들앉히면 마음이 든든해진다.

그 무엇보다도 달빛이 내리는 밤, 설월화를 보라. 완만한 곡선과 맑은 초록 위에 실금 그어진 복륜이 은실 같다. 바람이라도 살랑 스치면 부끄러운 듯, 요사하지 않으면서도 그윽하게 나분이는 몸놀림에 절로 망아忘我한다. 금방 향이 돋아날 듯해진다.

난은 수선스럽지 않다. 새 촉이 돋아도, 졸부 살림 불듯 쑤욱 쑥 자라진 않는다. 성년이 되었지 싶어도 깨끗한 신록을 쉬이 잃지 않는다. 느긋하게, 그러나 일취월장하듯 나날이 다달이 성숙해간다.

늘 그 자리에 그 모습인 듯 있어 주는 난에서 꽃순이 돋워진 걸 알아챈 날. 기쁨보다 북받치는 생각에, 침묵에 빠진다. 얼마나 오래 기다리고 견뎌내었기에 비로소 꽃이 피려나 싶어서다.

꽃순이 돋았다고 해서 성급하게 자랑하면, 꽃피기를 기다리기에 지쳐버린다. 꽃대공이 난엽 사이로 실팍하게 자라는 데 한두 달, 마디 마디 꽃봉이 자리를 잡고 나앉는 데 한 달쯤, 그리고 나서 맨 아랫송이부터 천천히 나래를 털기 시작한다. 동란冬蘭보다 하란夏蘭이 조금 성급하긴 하지만.

개화기에 가까우면 영락없이 학머리처럼 모양지어 금방이라도 쫑긋하니 입벌릴 것 같다. 학의 울음소리 들릴까, 면벽하듯이 부푼 난꽃봉오리를 지켜보고 앉아 있다. 그러나 난은 절대로 제 속을 툭 열어젖히는 순간을 보여주지 않는다. 어느 땐 두어 시간을 눈주고 있다가 차 한 잔 마련하는 사이에 벙글어버린다. 때론 책을 읽으며 무심한 척 여러 번 눈길을 보내건만, 한참만에 문득 눈을 들면 어느새 개화한 모습이 잡혀든다.

설날 즈음하여 산천보세란이 첫꽃을 연다. 흑자색 날개꽃들이 돌려피기로 피니 경쾌하다. 향기는, 볕살이 약한 겨울 실내에서일망정 화려하고 강하다. 꽃향, 꽃모양보다 정월을 열어줌이 기쁘다.

보세란 꽃잎 모두어 떨구고 나면 베란다 꽃밭에서 무더기로 자라는 보춘화가 벙근다. 길거리에, 아파트 마당에 한두 촉씩 굴러다니는 것들을 주워다 묻어둔 것들이다. 50여 촉 대가족이 되어 풍성하다. 난엽의 선은 수엽으로 조선치마의 부드러운 곡선을 닮았다. 게다가 울엄니처럼 동글납작하고 수수한 꽃을 고개 숙여 피운다. 볼수록 조촐하고 소탈한 정을 일깨운다.

눈물 어린 눈으로 흰빛을 대한 듯한 유백색으로 관음소심이 한더위를 가라앉혀 줄 때쯤 옥화란의 꽃이슬이 단내를 솔솔 풍겨낸다. 죽 벋은 꽃대공과 꽃줄기 사이에 끈끈하게 방울지는 꽃이슬을 따서 혀끝에 얹으면, 그 달콤함이 스르르 가슴 밑에 고여간다. 내방한 친지에게 옥화란 꽃이슬 맛보이는 즐거움이 참 좋다. 그 은은하고 달콤함.

향훈이 정갈하고 깊기로는 설월화란이 일품이다. 설월화가 벙글어지면 발걸음도 가만가만 옮긴다. 조용한 몸짓 따라 고여 있던 향내가 흔들려 와 코끝에 스치운다. 문향聞香의 시간이다.

분예盆藝에 대해 일깨워준 아버지에게서 난에 얽힌 진진한 얘기들을 맛나게 들었다. 그 중의 한 이야기다.

히로시마에 원폭이 터진 후, 전쟁의 폐허 속에서 환자들을 돌보느라 여념없는 의사에게 한 친구가 살아서 찾아왔다. 먼지와 신음과 피비린내를 뚫고 어디선가 은은한 향이 부르길래 그 향내를 좇아가 보니, 희부옇게 먼지를 인 난엽 사이로 하얀 난화가 벙글어 있는 게 아닌가. 염두에도 없어 물을 주지도 못했는데. 아무튼, 알량한 수프를 끓여, 그 난꽃을 띄워, 살아서 상면한 친구에게 드린다. 세상에 이만한 성찬이 어디 있으랴. 난의 끈질긴 생명력을 드림이며, 아름다운 우정, 사랑을 드림이다.

난정蘭情을 통할 만한 벗도 없거니와 어줍잖은 선비 흉내 같아서 그리 해볼 수도 없고, 생각다가 나는 난화주를 담그기로 했다.

꽃이 새들거리도록 꽃대공을 아끼는 일은 어미촉을 너무 힘들게 하고, 여러 대공씩 돋워낸 꽃향이 아까워 고여두고 싶어서였다. 발랄했던 꽃잎을 안온히 내릴 무렵, 고이 따서 투명한 유리병에 띄우면 그 모습 그대로 떠 있다. 서서히 시바스 리갈

빛깔로 꽃잎도 술도 익어간다. 미이라처럼 단아하게, 흐트러지지 않는 난꽃잎. 술병 속에서 유영하는 모습도 아름답다. 죽어서도 당당하다.

특별한 만남을 위해 놋상 위에 크리스털잔과 난화주를 마련한다. 눈으로 먼저 마시고 담백하고 여린 향내를 입안에 머물리노라면, 푸드덕, 한 마리 학이 나래 터는 소리가 들린다. 아득하게 멀리 그리움의 발자국 찍히는 소리도 들린다. 그리고 잠시 각자의 침묵을 마신다.

난화주 맛 중에 달콤하기로는 옥화란주가 으뜸이며 깊은 맛이 여울지기로는 설월화주가 제격이다. 채울래야 채울 길 없는 공허를 달빛에 널어두고 섰는 청한淸閑과 난으로 하여 얻어지는 청랑晴朗은 삶의 여백이다. 동양화의 여백처럼 생각 깊게 하는 여백이다. 달빛에 젖은 난화주에 일렁이는 내음은 그리움이다.

지금도 보세란이 몇 송이 미소 짓고 있다. 우전차 한 잔을 우려내어 손에 들고, 책장에 기대어 서서 그윽이 바라본다. 날숨에 떨린 향내가 들숨에 폐부 깊숙이 고여든다. 난향아, 성정에도 스미어라. 정일해진다.

이렇게 얘기하기로서니 난을 잃어본 적이 왜 없으랴.

주인의 육신이 몇 개월 병중에 지내게 되자 난도 더불어 생기를 잃어갔다. 추운 겨울, 오래고 먼 외출에서 돌아오니 설란,

설월화, 철골소심에 병색이 돌았다. 물론 처녀 딸애가 잘 돌봤노라 했지만, 난 금방 난들의 건강을 진단할 수 있었다. 사랑결핍증 같은 병.

결국 생전 처음으로 몇 분盆을 잃었다. 건강하고 싱싱한 촉들을 분촉하여 시집보내면서도 노촉에서 연신 새 생명을 벌어냈기에 난을 죽어나가게 한다는 건 생각해 본 적도 없는데 말이다. 빈 난분을 보면서 상실감은 커져갔다. 삶에서, 가슴에서 팽팽히 당기던 생명줄이 툭 끊겨진 것처럼 허둥지둥, 안절부절, 나 자신까지도 생명을 가꾸지 못하는 난석만 버석거리는 빈 화분 같았다.

시름거리는 몇 개의 발부에서 새 뿌리와 새 힘과 새 생명을 얻기까지 족히 2년 남짓 애를 태웠다. 그리고 우리는 다시 상처입은 난엽을 잘라내는 아픔도 잘 견디며 연신 꽃도 틔웠다.

지난 초가을, 요통으로 자리보존 하였을 때였다. 환절기인 데다가 내가 병석에 누워 있으니 나의 난들이 기운을 잃는 듯했다. 기어다니면서도 난잎을 닦아주고 물을 내려주건만, 당차고 선록이던 잎들이 윤기를 잃어갔다.

그러던 어느 날이었다. 난실 옆에 놓인 TV와 라디오에서 막가파 살인 소식과 부정부패로 썩은내 나는 얘기들이 흘러나왔다. 전신에 소름이 돋으면서 기운이 쑤욱 빠져나가는 걸 느끼는 순간, 창가의 난화분에 눈길이 멎었다. 저 소름끼치는 얘길 저 애들이 들으면서 경기를 일으키며 바들바들 떠는 것 같았다. 그래. 내 자식 같은, 아니 바로 내 삶의 살붙이이기도 한 저 애들이 나를 닮지 않으랴. 밥맛 없이, 어질어질 진저리를 내지 않으랴. 그러니 저 애들의 건강에 해롭지.

병석에서 일어나자마자 화분 곁에서 TV와 라디오를 떼어 건넌방으로 옮겼다. 그 후로 두어 달, 조금 철늦어 한란 꽃대공 넉 대공이가 소롯이 기를 펴고 올랐다. 어찌나 품위 있게 잘생겼는지, 추운 계절의 얼굴이 아니다. 그 난꽃 열린 동안 내내 우리는 서로 따뜻했다.

이렇게 내 맘결 따라 내 몸짓 따라 내 울안의 난은 살아간다. 쓰러지고 일어서며, 아프고 견뎌내면서.

혹자는 난이 황금물질인 듯 탐욕을 부리기도 하더라.

몇 해 전, 춘란 주금화朱金花 세 촉을 선물받았다. 꽃대 두 대에 두 송이 곱디고운 꽃을 매단 채, 고개숙인 새악시처럼 내 곁에 앉았다. 햇빛에 순하게 빛나는 연주홍색은 저녁놀이 흰 물결에 드러누운 빛이었다. 주금색.

이 꽃빛 잃기 전에 난정蘭情 깊은 문우 몇 분을 모셔 "아, 참!" "허어이, 참!" 그 한마디 탄성을 들었다. 무슨 말을 하랴.

그런데 풍문이 날아갔는지 웬 낯선이가 우리 집에 찾아왔다 갔다. 그는 결국에 주금화를 제 손으로 갈랐고, 꽃송이 하나 매달린 촉을 덩그러니 심어놓고 갔다. 쓸쓸한 마음으로 오래오래 눈眼 주고 마음 준 후, 꽃대 꺾어내고 꽃밭의 춘란 더미 사이에 묻어주었다. 훨씬 더 자연적인 흙에서 친구들과 더불어 살으라고. 살았는지 죽었는지 알 길이 없다. 누가 알랴. 무더기 춘란 속에서 그 2세가 탄생되어 느닷없이 그 붉은 꽃잎을 열어줄는지. 잊은 듯이 기다려줄 뿐이다.

그저 하나님이 하나님의 땅에서 거두신 귀한 꽃을, 다정한 친구의 손길을 통해 잠시라도 마주 볼 수 있었으니 그만으로도 참 족한 안복이지 않은가.

난꽃이 귀하면 얼마나 귀하랴. 그저 하나님이 가꾸는 들꽃에 지나지 않는 것. 그리고 그 자리에서 그 모습 그대로 살아야 하는 것. 굳이 소유처럼 제 곁에 기르고자 하는 것도 속된 사치일지 모른다.

다만 내 곁에 인연되어 왔으니 함께 정붙여 살아가야 한다. 난이 잘 자라준다는 것은 아무것도 아닌 삶을 정성으로 꾸린다는 증거다. 그걸 일깨워주기에 난에게 덕이 붙으며 우리는 난을 사랑한다.

굳이 난이 아니어도 생명을 가꾸는 마음 그 자체가 소중하다. 삶이 소중하다. 병들 때나 건강할 때나 삶의 의지는 스스로 가꿔야 한다. 난이 그렇게 내게 이른다.

반달이 중천에 솟은 밤이다. 난엽 그림자가 내 몸에 문신을 한다. 한없이 고요하고 부끄러워진다.

외사랑 직박구리

일상적 일과 만남 사이 사이에 자투리 시간이 생긴다. 영화 한 편 감상할 시간도 못 되고 전람회장을 둘러볼 시간도 못 되는 시간에 게으름의 산책을, 명상의 소요를 한다. 전주천변 둔치나 다가산, 경기전, 덕진연지, 완산칠봉 자락 등등 오라는 곳이 쌔고 쐈다. 눈을 맞추면 벗이요, 귀를 기울이면 법문이요, 마음을 마저 부리면 일심동체가 되는 자연 속에 서는 것이다.

햇살도 나른히 풀어지는 한봄의 오후. 신록의 풋풋한 향내 가득한 경기전에 서성서성이며 머릿속 맘속을 헹굴 때였다. 도망자와 추적자의 사투를 목격했다.

도망자는 청설모 두 마리, 추적자는 직박구리 일곱 마리였다. 생생한 자연화면을 보라.

청설모 두 마리가 비자나무, 은행나무, 매화나무, 사철나무

사이를 날듯이 건너뛰며 겨울바람처럼 민첩하게 나뭇잎들을 뒤흔들었다. 섬세하게 털이 곤두선 꼬리를 우아하게 치켜들고서 앞발을 얼굴 앞에 모아쥔 채, 나뭇가지 사이로 눈망울을 굴리며 아양을 떨던 청설모가 아니다, 저건. 청설모는 직박구리들에게 집단적으로 집중공격을 받고 있는 중이다. 승자는 누구일까? 투쟁은 왜 하나?

침엽수를 좋아하는 직박구리가 적송의 높은 가지에 밥그릇 모양의 둥지를 지어 신방을 차린 후 그 곳에 갓 깬 새끼들을 거두고 있는 중이었다. 어미의 보호본능이 가장 강한 때다. 그런데 먹성이 잡식성인 청설모란 녀석이 춘궁에 정력제가 필요했는지 직박구리의 새끼들을 노린 것이다. 갓난아이의 강그라지는 울음처럼 새끼새들이 삐이용 삐이용 울어대자 어미새가 삐욧 삣삣 삐욧 삣삣 금속성 소리로 악을 썼고 금방 예닐곱 마리 직박구리가 날아들었다. 그리곤 쫓고 쫓기는, 쪼고 쪼이는 사생결단의 싸움이 벌어진 것이다.

청설모가 휘익 날아서 비자나무로 숨어들었지만 직박구리는 본디 침엽수를 좋아하는지라 싸움터로는 유리하다. 팔방에서 내리꽂듯이 쪼아댄다. 청설모는 칙칙해 보이는 사철나무의 탱탱한 잎들 속으로 도망쳤지만 자식의 목숨을 공격당한 어미새의 눈은 희번득, 눈썹이 곤두선 채 찌이익 찌익 분노의 으름장을 쉴 새 없이 질러댄다.

청설모는 분별을 잃었는지 제 몸이 훤히 드러나는 곳으로 이동했다. 아름드리 은행나무의 몸통을 타고 S자를 그리며 두 녀석이 산발적으로 또는 허둥지둥 오르락내리락거렸다. 높은 데 나는 명수인 직박구리들이 무차별공격을 퍼붓는다. 청설모가 수없이 쪼인다. 오, 진짜 사생결단이다. 내 등줄기에 냉기 한 줄이 지나간다. 무섭다.

처음엔 호기심으로 녀석들의 生놀이를 바라보다가, 생존이라는 게 얼마나 치열하고 지독한 것인가 느껴지자 소름이 돋는다. 저러한 법칙이 그대로 인간사에 적용되지 않는가.

흔히 새에 대한 기억이나 인식은 평화롭고 이상적이다. 노래 같은 지저귐, 아름답고 다양한 날개와 날갯짓, 그들의 정적과 비밀은 사람들로 하여금 환상을 갖게 한다.

그러나 보라. 새들에게 쪼아 먹히는 생생한 목숨의 벌레의 꿈틀거림, 작은 물고기의 몸부림을. 식물들의 새 아기인 열매를 날카로운 부리로 콕콕 쪼는 모습을. 무서운 속력으로 날아내려 평화로이 물질하는 오리를 갈퀴발톱으로 채 가는 맹조를. 생존이란, 생존을 위한 싸움은 이토록 잔인하고 혹독하다. 하나 인간의 탐욕으로 인한 약육강식은 죄악이나 자연에선 생명법일 뿐이므로, 서로 공존공생한다.

사람들 곁에 까치나 참새보다 흔하게 돌아다니는 새 직박구리. 나무나 공중에서만 살면서 공중곡예를 보여주는, 눈이 매섭게 번쩍이는 후루룩빗죽새. 늘씬하고 날렵한 새다.

순간적으로 날개를 폈다 오므리며 날쌔게 상하좌우로 회전하는 직박구리가, 익은 봄날 하늘을 앞서거니뒤서거니 노니는 모습은 다정한 연인 같다. 짝을 부를 때는 한가롭고 부드러이 예이에 예이에 소리한다. 빨강색을 좋아하는 녀석이 농창 익은 물앵두나 버찌, 피라칸사스 열매를 부리에 물고, 과즙물을 또록 또로록 흘리며 웃는다. 삐유르르 삐요 궁구는 소리로 노래한다. 어여쁘게 눈웃음치는 새 직박구리. ─사람만이 웃음을 창조한 생명체란 말은 말짱 거짓말이다.

고창 선운사로 동백꽃 만나러 가서는 직박구리의 귀여운 표정을 덤으로 만났다. 추사秋史가 휘호한 백파율사의 비석 귀꽃에 앉아 반기는가 하더니, 저를 귀애하는 줄을 아는 양 재롱을 떤다.

선운사 경내 뒤울안 숲에 청춘보다 붉고 첫사랑보다 고운 동백꽃 동백꽃 동백꽃을, 잃어버린 청춘 잃어버린 첫사랑인 양 말끄러미 바라본다. 동백꽃과 추억의 시선 새로 직박구리 한 쌍이 동적 물체로 끼어든다.

둘이서 빨간 꽃잎 속에 머리를 들이밀고 술래놀이하나 싶어지는데, 꽃술 빨아먹고 고개 들어 청산 청천을 치어다보는데, 어라, 검은 부리와 또랑또랑한 눈망울을 가린 눈썹에 온통 노랑 꽃가루가 분장되어 있다! 그런 줄을 아는지 모르는지, 녀석은 삐요르르 삐요르 경쾌하게 목울대를 떨고 있다. 그럼. 맛있는 것을 먹는 게 얼마나 즐거운데. 귀여운 것!

이렇게, 기쁘면 기뻐하고 분노하면 성낼 줄 안다, 여린 새들도. 저 빨간 이나무 열매를 날면서 따 먹고, 높은 가지의 가을

꽃인 홍시를 쪼는 직박구리처럼 살면 병 없이 살 수 있게 될까. 사람은 최선을 다해서 산다고 잘난 체를 하지만, 저 새들은 그 삶 자체가 그냥 최선이다.

직박구리는 시도때도없이 내 주위를 맴돈다. 아니, 알고 지내는 사이라서 눈에 잘 띄게 되는 거다. 친구처럼.

연엽이 쑤욱 호수면에 오를 때 덕진연지에서였다. 울타리 위 전깃줄에서 직박구리 두 녀석이 애끓는 몸짓과 소리로 소란을 떤다. 잣솔나무 가지 사이 둥지에 고물고물 새끼새들이 노란 부리를 쫑긋거리고 있다. 사방을 둘러보다가 이내 어미새의 말을 이해했다.

"아주머니, 저 새들 소리, 들리시죠? 새끼에게 먹이를 먹이러 들랑여야 되는데 사람들 때문에 놀랐나 봐요. 자리를 다른 데로 멀찌감치 옮겨주실래요? 부탁합니다."

그쪽 부근 철쭉숲에는 방울새의 요람도 있기에 ―나는 알지요.― 나는 아주 나긋하고 죄스러운 목소리로 사정을 했다.

새끼를 거두고 보호하는 어미새의 본능적인 사랑, 본능적인 힘을 보며 자식 앞에선 전지전능이 되어야 하는 어머니란 이름을 생각한다.

자식을 위해 나를, 내 젊음과 사랑과 날개를 포기할 수 있던 용기는 모성본능 덕이었을까? 홀로, 어린 자식을, 이 설움 저 설움 쓴내 나게 삼키며 기른 것은 내 인격이 훌륭해서가 아니라 위대한 덕성인 모성 때문인지도 모른다. 그렇다면 모성이여! 모성은 자비며 인내며 용서며, 지상에서 가장 찬란하면서도 빛이 없는 외사랑이다.

직박구리가 말한다. 사는 것 자체가 최선이라고.

4부

관음觀音하다
- 임랑 묘관음사

관음觀音하고 있다. 아니, 밥을 짓다가도 꽃에 물을 내려주다가도 묘음妙音을 듣는다.

묘음을 듣기에는 바닷가의 절이 안성맞춤이다. 진묵震默대사와 부설浮雪거사의 혼이 살아 숨쉬는 심포바다 등짝에 얹힌 망해사. 비구니를 인정한 만공滿空스님을 닮은, 바다에 꾀벗고 앉아 있는 듯한 간월암. 거칠고 계략이 많은 남성의 호연지기를 불심佛心으로 다듬어 준 남해 금산의 보리암. 꽃잎처럼 나풀나풀 날아서 떨어지면 오르가슴을 느낄까, 늘 자살충동을 몰고 와서 몸을 사리게 하는 여수 향일암. 모두, 아스라하지만 끊이지 않는 물소리로 의식을 집중케 하고 결국 세파를 잊게 하는 묘음을 들려주는 절집이다. 그런데 내가 관음하는 해조음은, 남쪽바다 임랑해변에 대소쿠리마냥 앉아 있는 묘관음사

妙觀音寺에서 익힌 소리다.

향곡香谷스님이 보림하신 터 묘관음사는 절 이름이 묘하다. 세상의 이치와 돌아가는 꼴이 묘하다. 중생의 생멸이 묘하다. 죽은 자의 삶이 산 사람의 삶을 인도하는 인연도 묘하다.

거짓말 좀 보태서 대한민국 땅덩이가 손바닥만하다고 곧잘 말하지만, 보고 싶은 사람 다 보며 가고 싶은 곳 모두 가 보고 살기엔 너무 넓고 깊지 않은가. 석삼년을 벼르고 쑥맥의 콩알만한 간도 키워서 난생처음 혼자서 낯선 길을 나섰으니 묘한 일이다.

울산을 지나 간절곶에서 그 아무도 없이 홀로 해맞이를 했다. 초가을, 벽옥색으로 짙푸른 망망대해를 향해서 두 팔을 벌리니 허공과 바다가 옴싹 품에 안긴다. 더 이상 주눅들지 않는다. 아무나에게 물어 물어, 더듬 더듬 낯선 길을 한들한들 지나고 지나 임랑 바닷가 갯바위에 앉았다. 밀물도 썰물도 없는 해조음을 실컷 들어볼 참이다.

해조음은 이 세상에서 가장 원초적인 소리다. 세상의 모든 소리를 끌어안는 백색의 무표정한 소리다. 뉴질랜드의 원시림을 에두른 망망한 호수에서 듣던 침묵의 소리처럼 세속적 욕망을 잊게 하고 영혼까지 씻어준다. 생명의 근원이 되는 물의 바다. 그 바다가 살아있는 몸부림을 치는 소리 해조음을 듣는다.

치맛자락 질끈 동여매고 앉아 쓱쓱 바작바작 빨래를 비벼 빠는 소리가 들린다. 잊을 만하다가 다른 소리에 정신이 걸려

든다. 이번엔 젖을 양껏 먹은 아기가 새근새근 잠에 빠진 소리다. 아니다. 하늬바람에 솔잎과 솔잎이 서로 간질이는 소리다. 귀를 크게 여니 바람이 물에 안기어 뒹구는 소리가 우어엉 우어엉 들린다. 소리를 깜냥대로 가지고 노느라고 세상번뇌를 잊었다!

세상고생 중에 인간고생이 제일 험난하고, 번뇌라 해도 인간으로 인한 번뇌가 가장 끈질기다. 인간마귀의 덫에 걸려 죽살이치다 보면 사는 게 처량해진다. 탐할 권력이 있기를 하나, 부정하게라도 불려논 재물이 있기를 하나, 흉년에 밥 한 끼도 안 되는 명예라도 있나. 가진 거라곤, 식자識者랍시고 개도 안 물어가는 자존심뿐이다. 말하자면, 만물의 영장인 사람으로 태어났으니 사람답게 생각하고 사람도리나 하고 살자는 그 자존심 말이다. 그것마저 우지직 밟히고 나면 속내가 만신창이가 되는데, 그 속내를 잊게 하다니! 종로에서 뺨 맞고 한강에 가서 눈흘긴다더니, 전주에서 썩은 속을 임랑에서 씻는구나. 어느새 어머니의 양수 속에서처럼 완벽하게 평안해진다.

낯설면서도 낯설어하지 않는 절. 아무데나 걸터앉았다가 돌아서도 어느새 세상살이 묘수를 줍는다. 묘관음사는 빛과 물과 소리가 새어들고 나는 대소쿠리 같다, 정말로. 사부작사부작 느리게 걸어서 절간 구석구석을 돌며 규칙적인 숨소리처럼 눈에 띄는 해조음을 들었다. 쏴아, 무작정 지상의 잡음을 삼켜버린다.

물이 소리를 내는 것이냐, 가로막은 뭍이 소리치는 것이냐? 바람이 소리의 주인이냐, 내 귀가 소리를 모으는 것이냐?

성문聖門스님께서 "언제든 오셔서 몇 날 몇 달이고 묵으세요."라고, 막 창호지를 발라 가을볕에 널어놓은 한지문처럼 뽀얀 음성으로 말씀하실 때엔 물소리를 듣지 못했다. 여전히 거기 그렇게, 허공중에 떠다니는 소리이건만. 예불하는 동안엔 자기 회한에 젖어 눈물 콧물 범벅하느라고 듣지 못하고 공양시간에는 나무새 씹는 맛에 빠져 소리를 놓쳤다. 여전히 해조음은 내 귓바퀴를 돌았을 터인데도. 관음觀音! 내 마음이 소리에 머물 때만 소리를 들을 수 있는 거다!

나는 물소리 속에서 또 물소리를 잊었다. 조사전에 서 있는 동안 나 자신을 잊었다. 기골장대한 호남형의 향곡스님의 진영 곁에 혜월혜명慧月慧明선사의 조촐하고 해말쑥한 존영을 뵙고 눈시울이 뜨거워졌다. 허위허위 설한雪寒을 가르는 혜명스님의 승복의 나부낌소리가 들려오는 듯해서. 또 그 곁에는 정진제일의 효봉曉峯 큰스님께서 나를 자애로운 눈으로 바라보고 계신다. 불쌍히 여겨주소서!

두두물물에 불성佛性이 있으니 만물이 부처일 수 있으렷다. 모두가 불상佛像이다. 불쌍이라고? 불쌍히 여기라는 뜻인가? 불상으로 여기라고? 만물중생을 불상으로 본다는 것은 만물중생을 불쌍히 여긴다는 뜻일지도 모르지, 암! 묘한 발상을 얻어 묘한 해석을 하고서 한 소식 받은 듯이 허심탄회하고 홀가분해졌다. 이거이 일체유심조一切唯心造렷다.

마음 따라서 갯바위에 나앉아 푸르디푸른 바다에 시름을 풍덩 던져 넣었다. 갯바위의 작은 웅덩이를 집 삼아 노니는 새끼 복쟁이가 귀여워 장난을 걸었다. 검지로 등을 톡 건드리니 어렵쇼, 탁구공처럼 통통하게 몸을 부풀리고서 몸에 파묻힌 얼굴을 정면으로 들고 나를 쳐다보는데 그만 깔깔깔깔 웃음보가 터진다.

"너, 성났다 이거지! 건드리지 마라 이거지! 생긴 대로 산다 이거지!" 손가락만한 새끼 복쟁이나 나나 사는 건 똑같더라니까요.

해 설핏하도록 앉았노라니 여러 소리가 나를 찾아온다. 불변의 변화를 하는 해조음이 기억 저편의 소리를 되살려낸다.

한밤중, 잠을 잊고 책을 읽을 때 아스라이 열차가 지나가는 소리가 그리움을 물고 온다. 이내, 뜸들이는 새벽잠에서 듣던 그 소리, 함박에 쌀을 싸르락 싸르락 씻는 소리가 반복된다. 그러나 이 소리도 저 소리도 아니다. 지구가 살아있다는 생명의 소리지, 아마? 그런가 하면 무심의 소리, 피안의 소리이며 영원한 부활의 소리다.

이 세상에서 가장 원초적인 소리를 품은 청람색 바다. 저 잔잔하고 무표정한 바다 속에선 끊임없이 새 생명이 태어나고 끝없이 약육강식의 살육이 지속되고 있을 것이다. 천지개벽 이후 영원히 지속될 전쟁. 침묵 속에서 일렁일렁 너울거리는 저 해면으로 포장된 내면을 우리는 잊고 있으며 태양빛 아래

백색 잡음의 소리만 쇄아쇄 듣는 것이다. 삶을 안다는 것이란 그런 것이다!

지구생명의 어머니인 바다, 그 소리가 참으로 묘하고 묘하다. 어머니의 자궁의 양수 속에 태어난 사람이 최초로 들었을 소리 물의 소리가 저 해조음이다. 엄청난 창조의 소리다!

이른 봄날, 투명하고 짱짱한 남매화楠梅花의 향기 속에서 묘관음사의 대웅전 댓돌에 앉아 듣던 해조음을 듣는다. 눈을 들어 소리를 본다. 연노랑 남매화 꽃잎이 파르르르 떤다.

마음문이 삐그덕

– 모악산 금산사

업적을 남긴 사람 소위 성공한 사람을 향해 잠시 감탄을 보낼지라도 그는 내 인생의 진정한 동반자가 아니다. 사랑과 이해를 나누며 소중한 삶의 동반자가 되어주는 존재는 그저 허물없이 밥상머리에 함께 앉을 수 있는 이물은 관계의 사람이다. 그리고 오래 입어서 나의 냄새가 밴 허드레옷처럼 안락하고 편안한 정신의 동반자는 역시 동양정신이다.

오늘날 먼 나라의 서양종교가 거대권력을 갖고 기승을 떤다 해도 한국땅과 한국인에게 시나브로 밴 정신은 뭐니뭐니해도 불교정신이다. 봄 가랑비에 메마른 산야가 적셔지듯이 배어든 불교정신의 공덕으로 민초들은 어질고 부지런하며 자비의 정신으로 공동체를 꾸리며 살았고 미륵불의 미래를 기원하며 외침과 자연의 고난을 이겨왔다. 이 겨레에게 영영히 복락 있을진저!

산벚꽃이 앞산 뒷산에 꽃버짐을 피워놓는 봄날. 산벚꽃마냥 멀리서 바라보아야 하는, 잃어버린 젊은 날의 임을 추억하며 굽이굽이 산길을 돌아 금산사에 간다. 산벚꽃 꽃잎 지면 그렁그렁한 눈물 떨구며 이물은 땅 금산사에 간다. 떠나간 청춘과 떠나간 임들이 못내 그리워 산사에 간다.

엄뫼 모악산母岳山의 서쪽 자락에 아늑하게 들앉은 금산사. 애초에 단군의 한 자손이지만 갈라져 살은 백제와 신라의 전쟁 와중에, 김제땅에서 태어나 백제민의 통곡과 비통 속에 일생을 보낸 진표율사가 미륵신앙을 펼친 곳. 비로소 어질고 부지런한 민초들에게 꿈의 신앙을 심어준 가람 금산사. 역사를 조망해 보면 종교조차도 왕족이나 부유한 권세가들의 전유물이지 않던가.

금산사는 개산開山 1407년이다. 1407년이라. 1407년을 거슬러 과거로 가는 공백은 그야말로 시간도 공간도 없는 허공. 내가 백 년을 산다 한들 그 또한 먼 미래엔 한 점 허공일 터. 허공의 한 점일 터. 절집은 짓고 스러지고 다시 짓고, 이곳을 밟은 무수한 인간들도 오고 가고 오고 가고, 가이없구나. 그렇대도 이 땅엔 진표율사의 영력과 1407년간 쌓이고 쌓인 기원이 염력이 되어 중생들의 원력을 도와줄 게 아닌가. 산사를 걷는 발걸음마다 속세의 탐욕에 찬 생각과 행위를 참회하여 서방정토의 기운으로 살 수 있는 권능을 얻으시라. 그리하여 진정 인생의 왕도를 걸으시라. 절마당에 감도는 음성을 듣는다.

해동의 미륵교조라 일컫는 진표율사가 용화회상을 기원한 성전聖殿 미륵전. 한국불교건축물의 압권으로 웅장하고 당당한 국보 62호. 그 안에 11.82m나 되는 동양최대의 미륵불이 자비와 신묘의 미소를 띠고서 나를 내려다보고 있다. 나는 마치 고향 동구에 오래된 느티나무를 올려다보듯이 흐뭇하게 쳐다본다. 반 세기동안 이웃집에 마실가듯 들낙거린 곳이다. 허어 참, 진표율사의 한 뼘 두께 육체 속 맘의 통머리가 크기도 하오시다. 참으로 장쾌하오시다. 옥죄던 마음문이 삐그덕 열린다. 숨이 편안해진다. 이거이 율사의 크낙한 가피다. 나무관세음 나무관세음 나무관세음.

할아버지 제사 모시러 오신 집안 어른들께 인사 여쭙듯 경내의 보물들에게도 문안을 한다. 장인의 일념일심이 담겨서일까, 석련대(보물 23호)는 장구한 침묵 속에 세월의 꽃을 피워 생화보다 아름답고 미륵을 모신 듯 향기롭다. 고려시대의 독특한 불탑 육각다층석탑(보물 27호). 이 탑은 오석벼루에 잘 갈린 먹물색 점판암으로 조성되었는데 마치 조촐하면서 섬세하고 우아하면서도 우수어린 검은 상복의 여인 같다. 미륵전 북쪽에 부처님의 사리를 모신 석종(보물 26호)은 완벽한 방등계단方等戒壇이다. 계단석의 부조와 석종에 아로새겨진 아홉 마리의 용龍과 사천왕상, 기기묘묘한 인물상은 사바세상의 기쁨과 환난 같아서, 알아도 다 알 수 없고 아는 게 또 아무것도 아니다. 부처님은 여전히 이 땅의 슬픈 중생을 위해 설법하고 계시겠지요.

그러나 나는 무엇보다도, 잘 익은 복숭아색깔이 나는 절마당에 깡마른 스님처럼 서 있는 감나무 한 그루와 미륵전 앞 산사나무에 정이 들었다. 살아서 금산사 마당을 오래 지키고 있는 나무. 나와 더불어 수십 년 살아남은 나무. 메마른 땅에서 곁가지 잔가지가 거의 없이 한 줄 주렴처럼 서 있는 감나무. 불심이 배고 배어 깡마르고 성성한 선승이다. 저 산사나무는 몇 살 때쯤에 나무시집보내기를 겪었을까. 밑둥에서부터 쌍간지로 갈라진 채 키가 자라지 못하게 머리 잘린 산사나무는, 눈물과 기도로 자손의 자양분이 된 억압받은 보살 같다. 세월만큼 오간 발길에 단단하게 밟히고 밟힌 땅 절마당은 나무에겐 척박하기 짝없는 삶터다. 저 나무들은 견훤과 금강의 비참하고 몰염치한 인간사를 이해할까? 숱하게 오간 중생의 희로애락을 기억할까? 세월도 인걸도 간곳없이 침묵뿐, 나무는 아무런 말이 없다. 색즉시공이다.

흔히 사람들은 한 소식 깨친 그릇인 양 말한다. 역사 혹은 과거는 묻어두라고. 이미 지난 일을 들춰내어 뭣하냐고. 그 시간에 내일 일이나 계획하라고. 그러나 그것은 비겁하고 천박한 일이다. 역사를 읽어보면, 역사와 과거를 기억할 줄 모르는 집단과 개인은 초토화되었다. 역사와 과거는 현재를 지탱하고 내일을 꿈꾸게 하는 뿌리이다. 감나무 곁에 서서(차마 등을 기댈 수도 없다.) 삼국시대 말기와 고려시대 초기의 역사를 떠올린다. 승자인 신라인의 눈으로 패자인 백제 의자왕을 폄훼한 것은 옳은 역사인식일까? 신라는 당나라를 빌어다가 동족국가인 백제를 멸한 승리에 어떤 쾌재의 노래를 불러 합리화했을까? 우리 민족정신의 뼈대를 찾아 재조명해 본다면? 백제 견훤과 고려 왕건의 여성편력과 권력욕 승부욕을 위해 치러진 민중의 도탄과 한의 절규는 온당한 것일까? 승자가 누리는 무소불위의 권력과 패자가 겪는 지옥형벌의 수모를 가늠해 본다. 양자 모두 지금은 어느 허공의 먼지 한 톨일까?

바로 그 시대 그 환난고초 속에서 진표율사는 어떻게 후천용화세상을 꿈꾸었을까? 정말로 언젠가는 미륵불이 오시리라고 믿었을까? 혹 짓밟힌 과거와 현재의 비애를 잊게 하는 묘약으로 미륵부처님을 처방한 건 아닐까? 어느 미래엔가 아니 56억7천만 년―그 시간을 가늠이나 하겠는가―이 지난 후 모든 인간이 부처일 수 정말 있을까? 인간에겐 어떤 도피처도 있을 수 없으니 오직 미륵을 귀의처로 삼고 고해의 삶을 꽃밭으로 여기라는 서러운 소망 아닐까? 험난하고 재미없는 굴곡을 터벅터벅 가는 인생길에 어디쯤인지 모르는 먼 후일에 희망의 등불을 켜 두겠다고? 영원히 증명할 수 없는 진리이면서 위대한 생명력을 가진 거짓말이다. 앗, 이 또한 허방에 빠질 잡생각이 아닌가. 어느새 불립문자에 공즉시색에 매이고 만다. 그러나 이 생각이란 것은 금산金山의 골짝물처럼 흘러갈 것이다. 그래야 맺히지 않는다.

금산(모악산의 본디 지명)의 물이 흘러 금평저수지를 이루고 금구를 지나 금천저수지에 고이다가 금만경의 젖줄인 만경강수에 묻혀 흘러 흘러 서해로 잠적한다. 금산의 물 한 방울은 지금 어디에 있는가? 시간이 흐르고 물이 흐르고 나의 생각이 흐른다. 나는, 내 생각은 백년천년 후에 어느 허공에 흐를까? 어느 허공에서 흘러왔는지 바람 한줄기에 비릿하고 달짝지근한 봄산 내음이 나의 호흡에 머문다. 봄물이 오른 연자색 잔가지들과 물오른 처녀 같은 산벚꽃이 눈에 시리다. 간간히 박새나 곤줄박이 물때까치의 사랑가와 생명의 외침이 생기롭게 떠돌다 사라진다. 여전히 산사의 적막은 흩어지지 않는다. 이렇게 한 그루 나무처럼 서서, 호남4경의 제1경으로 꼽는 금산사의 춘경 덕분에 새 빛을 새 색을 새 맛을 품는구나. 세상티끌 속에 뒹굴지라도 마음은 봄날의 금산사를 닮아야겠다.

오직 인격을 천진하게 하고 삶을 진실하게 하자. 분노가 일거든 스스로 잦아질 때까지 홀로 있어야 한다. 괴로움과 절망이 오거든 나보다 힘든 이를 위해 일하자. 비애가 덮치거든 살아있음을 노래하자. 겨울처럼 딱딱하게 굳은 허위와 위선의 낡은 옷을 벗어야 한다. 절간의 적막처럼 고요해지면 인생이 보이고 살 만해지리라.

한국동란 후 50년. 금산사로 가는 길목과 경내가 엄청나게 변했다. 내 인생도 엄청나게 변했다. 울창하던 벚나무와 짱짱하고 빽빽하던 왕대숲이 초라해진 대신 집칸은 그들먹하게 들어섰다. 민중의 배가 부르고 등이 따수워진 덕분이다 싶으니 좋다. 내 인생의 울안은 울창한 인정과 사랑은 찢어져나가고 세상땟국만 무늬를 그리고 있다. 살은 만큼 세상물 들었으니 다행이다. 참, 나룻배처럼 커다라서 그 속에 앉아 배젓는 놀이를 하였던 엄청나게 큰 목구시는 어디로 갔을까? 그 구시의 밥을 먹은 사람들은 부처가 되었을까? 방울새 같던 나를 맨처음 이 지상의 극락에 안내해준 아버지는 어디로 갔을까? 진표율사의 미륵불은 어디쯤 오고 있을까?

금산사의 춘광이 참 아름답다. 춘광이 내 눈동자에 들앉으니 마음엔 듯 눈엔 듯 봄물이 든다. 천년세월 너머 진표율사가 오늘의 내게 주신 용화세상이 지금 이 자리요, 금산사의 봄물에 물든 이 마음이 부처심인가 싶다. 합장.

싸드락 싸드락 금산사의 봄날이 간다. 과거의 업장을 지우고자 망신참을 하고 어린 새순 하나 돋운다. 무성하게 여름을 구가할 권능을 얻은 듯, 산벚꽃 꽃잎처럼 가볍다.

아픈 만큼 성숙한다

사람이 한 달 두 달, 일 년 십 년을 살아가면서 그 육신의 모습이 서서히 변해가듯 정신 또한 변하기 마련이다. 어제의 웃음이 오늘의 눈물이 될 수 있는 법이다.

어렸을 적에 잠언이나 명시, 성경구절을 지식욕 때문인지 달달 외우곤 했다. 물론 처음에는 그 한 구절들에 감동감화하거나 공감하여 달착지근했기에 맛있게 씹어댄 것에 불과했을 것이다. 그러다가 어느 새 그 사상이나 감성과 사고가 내 정신의 피가 되어 흘렀다. 물론 성정하면서 부딪치는 새로운 경험과 인식에 의해서 걸러지며 흘렀다.

독실한 기독교인인 어머니의 훈육 아래 일흔 번을 일흔 번하기까지 용서하라고 배웠다. 참을 인忍 세 번이면 살인도 면하느니, 참은 자에게 복이 있으며 사랑은 용서와 참음이 으뜸

가는 방법이라고 했다. 한 치의 의심도 없이 그렇게 사는 것이 의로우며 사람다운 사람이 되는 길이라고 믿었다. 그리고 그렇게 살고 싶었고 적어도 그렇게 살려고 애썼다.

아, 산다는 건 지옥단련이다.

삶은 내 의지대로 진행되고 연출되지 않았다. 어떤 잘못이나 죄를 저질렀는지 도저히 깨닫지 못한 채, 언어와 행위의 폭력에 휘둘렸다. 그러면서도 참고 참았고, 하루에도 열두 번씩이나 무조건 용서해야 한다고 되뇌며 연단되지 못한 내 작은 그릇을 타일렀다. 누가, 왜, 무엇을 용서해야 하는지 같은 건 상관없이 무조건 씻은 듯이 용서하라고 스스로에게 강요했다.

그러던 어느 때였다. 지나친 구타를 견디다 못해 스스로를 방어하는 몸짓을 짓다가 상대방에게 손이 닿았다. 법적으로 변명할 수 있다면 밟힌 지렁이의 꿈틀거림 같은 정당방위였을 것이다.

그러나 물론 그 실수 아닌 실수조차 용서받지 못했고, 그 일은 더 큰 모욕과 핍박의 꼬투리가 되고 말았다. 무엇보다도 스스로를 용서할 수 없어 비참했다. 나는 내가 배운 사상의 창살에 갇혀 허우적거렸던 것이다.

비통했다. 천박과 치욕의 나락으로 떨어지는 슬픔을 앓고 또 앓아야 했다. 굶주림보다 견디기 어려운 비참은 폭력이었다.

생각하게 되었다. 때리는 자는 맞는 자의 고통을 결코 이해할 수 없다는 것을. 계속 맞는 자가 계속 때리는 자를 용서해야 하는 걸 의미하는 골백번의 용서라면 잘못된 진리라고. 도발적인 폭행에 숨이 콱 막히는 순간마다 차라리 그대로 죽음에 닿기를 얼마나 기원했던가. 사람을 사랑하고자 하는 이에게 폭력이란 그 정신뿐만 아니라 영혼까지도 얼어붙게 만들어버린다.

어렸을 때 먹은 밥과 김치가 살과 피가 되어 나를 성장시켰는데 지금 먹는 똑같은 밥과 김치가 내 육신을 늙어가게 하듯이 똑같은 진리의 말씀도 사유의 관점이 달라져간다. 하느님이 보시기에 아름다운 사람으로, 고운 여자로 살게 도와줄 것 같아 푯대로 삼았던 의미들이, 이 목숨을 살아있는 죽음으로 몰아갈 줄이야. 자기의 육신과 정신이 폐허로 되어가는 슬픔을 무엇으로 표현하랴.

나의 세계는 작았다. 인간환경이 좁았을 뿐만 아니라 정신의 세계도 협소하기 짝이 없었다. 입맛에 맞는 음식을 가려 먹듯 삶을 사랑하는 방법도 가려서 배웠고, 그것은 고정관념이 되어 나를 올무에 가두었다. 사랑하고 싶은 삶만 사랑했다. 내가 만든 덫에 내 목이 조여진 것이다.

사랑은 지고지순한 아름다움이지만, 사랑의 허점은 사랑하는 것밖에 볼 줄 모른다는 것임을 서서히 깨달았다. 사랑의 관념을 사랑했으니 헛짚어 산 것이다. 선악善惡이 개오사皆吾師지 않은가.

하느님을 원망하고 타인과 세상을 혐오하는 방황 속에서 정신은 트여갔다. 아픈 만큼 성숙한 것이다.

사람은 전쟁의 시련 속에서 평화를 목마르게 갈구하지 않는

가. 몸과 마음의 평화를 애터지게 간구하며 비로소 내 자신의 육신과 영혼을 먼저 지키고 싶어졌다. 자신을 사랑하는 일을 시작한 것이다. 살고 싶었다, 사람답게.

하느님 이전에 이 몸의 생산자인 부모님께서 막내딸의 까칠한 육신과 반벙어리 같은 정신 때문에 괴로워했다. 그 불효를 어찌 다 되돌려놓을 수 있으랴. 불멸의 육신과 정신을 주신 하느님의 뜻을 따를 줄을 비로소 배운 것이다. 오랜 고통 후에. 자기자신을 진정 사랑하지 못하는 자가 어찌 타인을, 세상을 사랑하겠는가. 그리고 어찌하여 오만하게도 타인을 용서하려고 했던가. 이 땅의 누구도 다른 누구를 용서할 자격도 권리도 없는 것을.

사랑은 거리를 두고 행하는 것이다. 내 모습을 주신 그대로 감사히 바라보듯이, 타인과 사물을 조용히 받아들여야 하는 고독한 행위인 것이다. 그리고 이 막막한 광야를 걷는 행로에서 사랑을 나눌 대상이 있다는 것만으로도 감사해야 한다. 무엇으로, 무엇을 하며 이 긴 여정을 걸어가겠는가.

'내가 너희를 사랑한 것같이 너희도 서로 사랑하라'는 신 계명을 사랑한다. 내게 주신 생명으로, 이 세상의 모든 사랑법을 배우며 사랑하리라.

사랑의 옹달샘이 마르지 않는데, 사랑할 풀 한 떨기, 새 한 마리, 연필 한 자루가 있다는 것이 은혜요, 사랑을 드릴 타인들이 존재한다는 것이 무한히 감사하다.

흐린 하늘이 포근해서 참 좋다.

안 끝나는 이야기

"옛날 옛날에 쥐 식구가 살았단다. 쥐는 새끼를 엄청나게 많이 낳지. 쥐에는 생쥐, 시궁쥐, 들쥐, 왕쥐 등등 아주 많아. 엄마는 사람쥐야. 쥐띠니까."

"엄마가 사람쥐면 도미도 사람쥐야?"

"너는 뿐지야. 예쁜 돼지, 뿐지."

"사람돼지야 나는? 에이, 깔깔깔깔."

엄마는 아이의 등을 토닥이며 이야기를 이어갑니다.

"그런데 새끼를 자꾸 낳아서 쥐 식구들이 너무 많아지니까, 우리나라에서 다 먹여 살릴 수가 없었단다. 그래서 왕쥐가 어른이 된 쥐들을 저 바다 건너 먼 나라로 이사를 시키기로 결정했단다."

"쥐가 헤엄도 쳐?"

"그럼. 이사는 시작됐지. 한 마리 쥐가 물속으로 풍덩! 하고 나서 5분이 지나도록 돌아오지 않으면 그 다음 쥐가 따라가는 거야. 그때부터 바다에선 쥐가 헤엄치는 물소리가 철썩철썩 들리는 거란다. 바로, 쥐가 멀리 떠나는 소리지. 조용히 귀기울여 들어 봐야."

"그래서 바다에선 자꾸 파도치는 소리가 들리는 거야, 엄마? 인제 다 이사 갔어?"

"아아니. 어, 지금 또 한 마리 풍덩 뛰어들었네."

"이제 다 갔어?"

"아니, 아직 멀었어. 쥐들은 계속 새끼를 낳고 자라고, 한 마리씩 끊임없이 떠나고 있단다. 어? 또 풍덩, 하네!"

"엄마 엄마, 그럼 쥐 얘기는 언제 끝나?"

"엄마도 몰라. 도미가 어른이 되면 끝날까 모르겠네!"

"에이, 그러면 그 이야기는 안 끝나? 그래도 재밌다 그치? 엄마. 지금 또 한 마리 풍덩, 했지? 엄마도 그 소리 들었지?"

사람들은 늘 무언가를 좋아하며 삽니다. 특히 어린이는 어머니의 얘기를 좋아하죠.

어머니의 이야기 속에는 정이 그득, 인생이 그득, 상상이 그득합니다. 정해진 논리나 합리성보다는 황당무계하고 감성적인 옛이야기 속에, 인생의 비논리성과 다양성과 아름다움이 담겨 있습니다.

할머니는 가끔 "이야기를 좋아하면 가난하게 산단다."고 말하셨지요. 해도 해도 끝없는 자잘한 가사를 치르면서, 어머니의 치마 꼬리에 매달려 보채는 아이들을 돌보아야 했기에 성가셔서 꾸며냈을까. 게다가 가난은 나랏님도 구제하지 못하며 호랑이보다 무섭다고 했으니까요.

그렇거나 말거나, 어머니의 무릎 아래서 듣는 얘기는 슬퍼도 좋고 기뻐도 좋은 거죠. 어머니에게서 그 끝을 듣지 못한 채 어른이 되었고, 아이에게 또 그 얘기를 들려주었습니다. 아직 그 끝을 마치지 못했지만.

지금도 이따금씩 쥐가 바다로 풍덩, 풍덩, 뛰어드는 소리를 듣습니다. 사람이 살아가는 내내 숨을 쉬고 밥을 먹듯이, 산다는 것은 끝이 없는 일을 끊임없이 반복하는 건지도 모릅니다.

바다를 통해 성년이 된 쥐를 이주시킨다는 것은, 성장한 자식을 홀로 풍파에 던지는 일과 같겠지요. 스스로 헤엄치고 자맥질하여 새 땅으로 건너가도록 맡기는 것입니다. 그리고 잊은 듯이, 가슴을 졸이며 지켜보는 수밖에 도리가 없습니다.

쥐에게 바다를 건너라는 일은 죽으라는 말이,라고요? 그렇다면 왜 모든 땅에 쥐가 살고 있지요?

어머니가 어린이에게 들려준, '안 끝나는 이야기'는 영원히 안 끝나는 이야기입니다.

삶도 또한 영원히 안 끝나는 이야기랍니다.

생각하는 갈대

또 성화[聖書映畵]를 본다. ≪패션 오브 크라이스트 The Passion of Christ≫라는 예수 영화를 본다.

영화인들 혹은 멜 깁슨 예찬론자들이 왠지 모를 격찬을 뒤범벅하는데 나까지 동참할 생각은 없다. 영화예술이라는, 게다가 리얼리즘이라는 가면 하에 오도되는 사디즘 또는 폭력물에 지나지 않는 영화니까. 영화관계자들이 아부하듯이 고통의 사실주의 운운하며 극찬함에도 불구하고 또 작품완성에 이르기까지 그 과정과 돈의 투자가 성실하게 이뤄졌다고 해도 영화는 그저 두 시간짜리 한 편의 영화일 뿐이다.

멜 깁슨은 자신을 위해 어떤 포장지가 더 필요하길래 예수 영화를 만들었을까? 인간성 탐구인가 신성神性의 질문인가? 금력을 쥔 자가 최후에 얻고 싶어하는 지적知的 자만심인가, 예술성의 지적 표현인가? 종교적 봉사인가 상업전략인가? 잡초처럼 무성한 기독교인들의 어리석은 눈물과 신심을 촉발함인가? 혹은 예수를 팔아서까지 돈을 번 가룟 유다의, 21세기형 미국형 인간인가?

나는 아주 오래된 영화관객이다. 영화와 관련 없는 분야에서 사는 보통사람으로 인생의 모든 것을 함께 누려 보며 생각하고 배우는 방법으로, 영화감상을 책 읽듯 전시회 관람하듯 생활화하였다. 줄잡아 2,000여 편쯤 감상하고 보니 영화의 변화, 상업성, 예술성, 종교성 따위가 보이긴 보인다 분명하게. 게다가 나는 인생에 대해 청맹과니가 아니다.

영화를 보는 동안 나는 울었다. 갓난앳적부터 주기도문과 찬송과 기도 속에 살아온 나지만, 예수가 인류의 죄를 대속해줘서 감사해서 운 게 아니다. 예수의 골고다의 강행군과 십자가에 못 박히는 고통이 처절하고 아파서 운 게 아니다. 그것은 단지 그 시대의 사형법일 뿐이며 사형은 여러 형태로 지구상에 존재했던 악법일 뿐이다. 인간의 3대 천사는 노老 병病 사死라지 않는가. 특히 죽음 후에는 고통고난인 노병老病의 완전한 소멸을 얻을 테니 죽음이 무에 그리 슬프랴. 종교적 슬픔이나 신심의 나약함에서 운 게 아니다.

인간의 포악한 기쁨은 어디까지인가? 자신의 아픔이 아닌 한 남의 아픔은 어디까지 쾌락일 수 있는가? 정신적 영혼적

고뇌 운운하며 고상하게 철학하지만 육체의 저 고통은 고상하게 견딜 수 있는가? 나는 인간의 잔혹성에 치떨려서 저절로 울었고, 나에게도 먹이를 찢어 발겨대는 동물성 같은 잔인한 본성이 있을지도 모른다는 생각에 힘이 쑥 빠져 힘없이 울었다.

또 분노해서 울었다.

인류의 역사를 쥐고 온 남성위주의 역사 속에서 어찌하여 그 수많은 똑똑한 남성들은 무지했는가? 능히 구할 수 있는 힘을 가진 선택받은 남성들은 어찌하여 배반과 권력과 광포에 빠져 의인을 단죄했는가? 힘없고 짓밟히며 어리석다는 여성들은 어찌하여 동정과 사랑과 연민으로 괴로워했는가? 여성을 저주하고 멸시천대를 한 성서기록대로라면, 여성은 인간이 아니라 남성의 부속물이며 씨받이 도구이며 노예 정도가 아닌가. 그러한 여성의 눈은 어찌하여 의인을 알아보았는가? 저따위 남성우월과, 인간성보다는 비굴하고 나약한 보수적 여성성만 부각된 그것이 21세기에도 통한다는 현실에 분노해서 마른 눈물이 났다.

가당찮게 사실주의라니? 저 영화대로가 진실로 예수 당시의 사실이라고? 황폐하기 짝없던 유대땅에서 유랑걸식하며 공생애 3년을 지낸 예수가 허이연 비곗살을 출렁이는 육체의, 정말로 백인일까? 채찍에-그것도 쇠갈고리가 달린 채찍에 무지막지하게 찍히고 찢기는 인간의 육체가 진실로 경외할 만한 존엄성의 존재인가? 넌덜머리에 구역질이 날 정도의 긴 긴 학대와 피

학대의 영상은 선정적일 만큼의 공포였다. 눈물이 났다.

그렇다. 예수의 최후는 확실히 파격적이며 잔혹한 마조히즘적이며 게다가 드라마틱하기까지 하다. 세계역사를 상고하면 인류사는 전쟁과 이념투쟁의 역사요 인간살상을 가장 많이 일으킨 전쟁은 일종의 이념일 뿐인 종교의 전쟁이었다. 소위 기독교의 기득권자인 구교와 개혁자인 신교의 분파는 피비린내 나는 투쟁의 결과였다. 그럴 동안 내내 서양에서는 예수의 재림을 꿈꾸어 왔다. 마치 우리 민족이 유구하게 미륵불과 용화세상을 꿈꾸어 왔듯이. 그런데 인간성이 가장 타락된 뮤턴트(돌연변이 인간)시대인 20세기에, 천지창조적인 발명품 영화를 통해 예수는 간간이 재림되었다.

왜인가? 누구를 위해서 무엇을 위해서, 2000년 전의 성인聖人 예수는 각색되고 포장되며 극적으로 재림되는가? 있지도 않은 인간의 원죄를 확인시키려는 의도는? 스스로 자기의 뜻대로 태어나지도 못하는 인간의 무슨 원죄? 2000년간 입술로 팔아먹은 예수를 통해 인류의 세상을 어느 만큼이나 천국화했는가? 혹 서방세계의 절대적 보수권력인 예수교의 위대성을 만방에 재확인시키려는 것인가? 잡은 권력은 절대로 놓치고 싶지 않을 테니까 말이다.

≪패션 오브 크라이스트≫는 기독교체질 국가인 미국의 영화다. 나는 생각한다. 기독교인인, 미국의 대통령 부시는 하느님의 응답을 받아 전쟁을 벌였고—이건 보도된 내용이다.—카

톨릭 신자 멜 깁슨은 계시를 얻어 이 지긋지긋한 피의 영화를 만들었단다. −이것도 광고된 내용이다.− 그래서 생각한다.

사람은 두뇌뿐만 아니라 마음과 영혼까지도 익숙 또는 길들일 수 있다. 이 점을 알고, 볼 수 있는 눈을 가진 자는 보고, 들을 수 있는 귀가 있는 자는 들어야 한다. 미국은 고전적인 인간의 악마성을 보여 줌으로써, 약소국가 약소민족에게 전쟁의 비인간적인 비통과 비참을 선사한 미국은 단지 빌라도 역할을 할 뿐이라는 변명을 하는 것인가를. 예수가 태어난 땅마냥 척박하고 빈궁한 토양의 국가이며 예수처럼 가난하여 고행과 고난을 받는 이라크 양민에게 선지피와 고통과 피울음의 우물을 파게 하는 것이 예수의 진리와 진실을 앙모하는 일인가를 가려보아야 한다. 정말이지, 21세기의 카인의 후예는 누구인가를 귀를 뚫고 들어야 한다.

우리는 21세기의 인간이다. 누구라도 지성적이고 철학적일 수 있다. 생각하는 갈대라면 말이다. 역사적 사실 또는 진리를 통해 인간과 인생을 배울 수는 있어도 과거의 죄악이 나의 죄 때문이라고 통탄하며 가증스러운 죄인이 될 수는 없다. 그 짐을 지고 걸어야 하는 게 인생길이라면, 어떤 여성도 결코 어머니가 되어선 안 된다. 원죄의 고리를 끊어야 하니까.

시베리아의 형무소에서도 솔제니친의 눈은 깊이 떠 있었고 아우슈비츠 포로수용소에서도 엘리 비젤의 귀는 열려 있었다. 그들은 생각하는 갈대였다. 사상과 이념의 이전투구 속에서 방황할지라도, 흔들리는 갈대일지라도 나는 생각하는 갈대다.

영화를 예술이라 한다. 예술품은 창작물이다. 예술품을 즐기는 것은 예술감상자의 몫이다. 나는 생각하는 영화감상자다. 그것도 아주 오래된.

영화는 끝났다.

바깥 거리에선 사람들이 홀로, 삼삼오오 빛속에 흘러가고 있다. 죄의식으로 절은 몸짓이 어디 있지?

사람들과 대지 위로 봄햇빛이 찬란하게 지나간다.

목이 마를 때

생명을 받아 이 땅에 던져진 모든 것들은 물론, 세상사 또한 변하지 않는 것이 없다. 혹자는 진리는 불변이다, 진실은 영원하다고 강론하지만 진리나 진실도 변한다. 어제 믿었던 진리가 오늘의 진리일 수 없고, 어제의 사랑이 오늘의 사랑일 수 없다. 다만 영원불멸이기를 바라기 때문에 그렇게 믿고 생각할 뿐이다.

사람은 기존의 것, 엄밀히 말해서 기득한 것에 대해 소유욕을 가지며, 역사 속에서 그렇게 교육되고 길들여졌다. 살아간다는 것은 일종의 교육에 의한 편견과 습관에 젖어간다는 말이기도 하다. 어찌하여 인간형용이 천태만상인데 그 개개인의 생각이 천상만념天想萬念으로 다르지 않을 수 있단 말인가. 사람마다 하나의 진리를 다르게 받아들이는 것은 진실한 파격이며 아름다운 파격이기도 하다. 역사도 파격 속에 발전해 왔다.

어쨌든 내게도 길들여진 습관 같은, 더 엄밀히 따져 보면 스스로 길들려고 애써 온 습관이 하나 있다. 바로 기도의 습관이다. 그런데 요즘 그것의 파격을 생각한다. 여명의 시간에 첫 눈을 뜨면, 그 무지무구無知無垢한 순간에 기도하기를 힘썼다. 어디로부터인가 심중에 칼끝이 박혀들어 흐트러지는 마음일 때엔 근처 교회에 꿇어 엎드려 새벽제단을 쌓거나 시간 남짓 거리의 완산칠봉을 오르내리면서 일심으로 중얼중얼 간구하기도 하면서. 자신을 붙잡아줄 이는 오직 너 자신뿐이며, 너를 위해 존재양식 그대로 보아주고 받아줄 이는 오직 하늘에 계시는 한 분뿐이라는 절대 고독감에서였는지도 모르겠다.

그런데 요즈막, 무작정 산에 오르기만 하던 사람이 이 중턱 저 바위에 앉아 숨을 고르며 풀꽃도 만나보고, 새 소리 들리거든 그 녀석의 속울림도 헤아려보고, 그러면서 산행의 의미를 갈래갈래 사색하듯이, 나의 목적지로써 바라보던 저 높은 곳을 향한 길목의 중턱에 질펀히 앉아 촘촘히 뒤돌아보고 둘레를 두리번거리고 있다.

성결교회의 헌화식과 학생시절에 세례를 받은 후, 세상 탁류를 휘젓고 다니면서도 기독교인이기를 바랬다. 성인이 되어 때때로 자신의 죄의 두께가 덕지덕지 두껍게 느껴지면 한밤에도 벌떡 일어나 살갗이 쓰리도록 온몸을 씻어내며 통한과 분노와 절망의 눈물로 하나님에 매달려 밑바닥 티끌까지 세척하려고 애쓰곤 했다. 그러나 그것이 또한 무슨 소용이랴. 제 자리에 섰는 나무도 바람이 흔들고 가는 것을.

생각이 반전에 반전을 거듭하듯이 나의 종교관이 쓰러지고 일어서기를 되풀이하고 있다. 파격을 위한 진통이다.

어릴 적이었다.

크리스마스 때가 되면 소복 차림에 촛불을 들고서 천성天城을 향해 나가는 춤을 추며 찬송가를 성스럽게 불렀다. 그때엔 구주가 뭔지도 모르면서 '기쁘다 구주 오셨네.'를 몸과 영혼 속 깊이 받아들였다. 교회는 복 받은 곳이었고 성스러웠고 사랑을 주는 곳이라고 무작정 믿었다. 그런 내게 최초로 기독교의 믿음과 사랑에 대해 의아심을 갖게 해 준, 그래서 뭔가 형용키 어려운 두려움과 슬픔 때문에 여린 맘이 삐주룩거렸던 노래 한 소절이 들려왔다.

기쁘다 구주 오셨네
목사 집사 장로 나와라.
목사는 털오버 집사는 우유깡통
우리들은 안 주네 우리들은 안 주네
다 같이 집으로 그냥 가세.

이것은 〈기쁘다 구주 오셨네〉라는 찬송가 가락에 맞춰 고교생 형들이 부른 풍자적 노랫말이었다.

한국동란 육이오사변 뒤끝의 빈한이 먹을거리와 입성에서 극명하게 나타났던 시절이었다. 그때 부활절이나 예수탄생일이 되면 기독교국가인 미국으로부터 우리나라의 교회를 통해 구호물자가 쏟아져 들어왔다. 그것은 가난하다 못해 천박하기까지 한 한국의 기독교 성도들을 위해 헌납되었겠지만, 한국에 와서는 기독교 실권자들의－시쳇말로 주主의 종들－소유물로 둔갑했고 그야말로 엿장수 맘대로 처분되고 있었던 것이다.

어찌하여 느닷없이, 되새겨 본 적 없는 이 기억이 생생히 살아나고 있을까?

도심을 걷노라면 찻집 수만큼이나 불쑥불쑥 십자가가 눈에 띈다. 하나님과 우리 사이에 저렇게 많은 건널다리가 필요한가? 어느 다리로 건너야 할까? 영혼의 안내자요 사랑이신 하나님을 사귀는 징표인가, 아니면 하나님께로 가기 위한 다리의 주인인 것을 자랑하는 표시인가?

앉으나 걸으나 부딪치게 되는 한국 기독교인들의 표현에 따르면, 축복 받은 교회일수록 웅장하고 화려하기가 그림의 떡 같다. 정말로 배고픈 자가 먹을 수 없는 떡이라는 말이다. 예수 시대의 성전은 가난하나 천박하지 않았고 믿음과 사랑의 실천이 있는 곳이 다 성전이었는데 요즘의 성전은 부유하고 휘황찬란하나 천박하기 짝없다. 우리의 가난이 부유해진 것처럼.

교회는 성전이다. 그 성전에서 몇십 년 끈 잡고 온 내 마음의 성전이 허물어지고 있다. 어찌 하랴.

교회의 진의는 사랑이다. '내가 너희를 사랑한 것같이 너희도 서로 사랑하라.'는 예수의 신계명조차 이 시대의 교회 안에서 지켜지고 있는지 의심스럽다. 요즘의 교회는 사랑이 아니라 사랑의 표시가 찍힌 포장지라면 과언일지. 양건섭 시인의 시구절이 내 마음의 뒤통수를 때린다. '교회에는 사랑만 없다. 교회에만 사랑이 없다.'던 그 구절이 나를 호통하는 청천벽력 같다.

나는 무엇을 꼬장꼬장하게 들여다보고 파헤치고 있는가. 함부로 판단하는 죄를 두려워하면서도. 그러나 나의 영혼 어느 구석엔가 가시가 박혀 있다면 찾아 빼내야 한다. 그 가시로 인하여 종교가 아니라 종교심까지 곪아 문드러질까 두려우므로.

어차피 썩어 문드러질 목숨이요 육신이지만, 살아있는 한 진솔한 생명의 값을 배우고 싶기 때문이다. 살아있는 날까지 내 생명과 영혼에 대하여 끊임없이 탐구하고 파격하고 성장하기를 간원하기 때문이다. 교회 문턱이 닳도록 들락이는 교인이면서 하나님을 똑바로 보지 못하느니, 교회 밖에서 하나님을 목마르게 영접하는 종교심을 잃고 싶지 않기 때문이다. 사랑의 머리카락이나 손가락 끝마디쯤이거나, 사랑의 눈빛 하나에 현혹하여 사랑의 전체를 놓치고 싶지 않기 때문이다.

목이 갈하여 보지 않고는 한 줌의 시냇물이 은혜일 수 없다, 결코.

사는 법, 사는 생각

뭉게구름이 몽실몽실 일어나는가 싶더니 볕살이 얇아진다. 돋아오른 벼이삭이 진초록을 순하게 가라앉히는 금만경 들판에 고추잠자리떼 된장잠자리떼가 공중유영을 한다. 반짝, 빤짝 금가루를 뿌린다. 눈부시다. 강둑길가 이팝나무를 끌어안은 매미는 노염老炎을 비단 찢어지는 소리로 짱짱하게 울어댄다. 참 애처롭다. 여름이 떠날 때 잠깐 발을 멎고 정든 곳, 기억할 시간을 뒤돌아보는 노염에 곡식이 여물고 열매가 살찐다. 거저 지나가는 시간이란 없구나. 여름의 악마, 태풍 에위니아가 몰아온 엄청난 수해와 지긋지긋하게 무더웠던 여름도 그 당차게 치켜뜬 눈까풀을 내린다.

폭풍 홍수 범람 수해의 상처 속에서도, 불볕더위 찜통더위 열대야 속에서도 사람들은 견딜 수 있는 대로 잘 견디어냈다.

산천초목도 상처를 딛고서 푸르고 실팍하게 초록 내음을 물씬 품어낸다. 혹간 고사하는 초목들이 띰띰이 있을지라도 호들갑을 떨 일이 아니다. 모든 자연은 자생력을 가지고 있으며 개체의 능력에 따라 못 살겠으면 죽는다. 혹은 다른 것에게 자리를 내어줄 때가 되면 서서히 사라져간다. 이렇게 잠시 자연과 대좌하면 인생의 한 꼬투리를 배우게 된다. 인생의 영고榮枯와 부침浮沈도 받아들여야 할 삶의 한 과정일 뿐이다. 살아남은 자는 늘 살아간다.

인생길은 아스팔트 깔린 광로가 아니다. 야산의 오솔길도 아니다. 씽씽 달려야 하는 고속도로도 아니다. 내겐 그 길들은 살 맛 없는 길이다. 어떤 길이든 자기의 발걸음으로 걸어 넘는 길이 자기의 인생길이다. 걸어가다가 때로 가시밭길이나 천길 낭떠러지에 부닥뜨릴 적에 나는 한 가지를 생각한다. '내일은 내일의 해가 뜰 것이다. 나는 내일까지 살 것이다. 나는 아직 손을 쓸 수 있고 머리는 생각할 수 있고 걸어갈 것이다.'고. 그리곤 느릿느릿 걷는다. 걸어갈 길은 갈래 갈래 어디에나 있다. 걸어갈 의지를 놓지 않으면 길은 이어지고 있다.

나는 지금 행복하게 길을 걸어간다. 아이들과 잘 놀기 위해서.

어린 영혼을 만나서 동행하는 시간은 내가 다시 태어나는 시간. 무더위가 기승부리는 복날 한낮의 기온 35.5℃. 바람도 비껴가는 아파트 12층의 마루방. 일곱 사람의 체온을 합하면 약 291℃. 아이들과 나는 앉은뱅이책상 하나에 팔을 괴고 서로의 콧김을 마시며 오무래기 둘러앉았다. 선풍기의 회전바람이 우리 사이를 비집고 불어도 여전히 후텁지근하다. 이럴 땐 열중해서 잘 놀면 된다. 더위는 거기 그대로 있지만 더위를 잊어 주리라다.

생각을 바꿔 보는 놀이를 한다.

"에이, 웬수 같은 더위! 적을 알면 적을 이길 수 있다지? 더위에 대해 아는 거 있으면 잘난 체 해보자."

"선생님, 전주가 제일 덥대요. 큰 나무를 없애고 자동차가 많아져서 그런대요. 진짜 짜증나요."

"고층아파트를 빽빽이 지어서 공기가 갇혔대요. 또 매연이 많으면 덥대요. 숨 막혀요."

"지구온난화 때문에 이상고온이래요. 너무 더워서 나가 놀지도 못해요. 더워 죽겠어요."

제각각 한 마디씩 얻어들은 상식을 말한다. 똑똑하다. 짝짝짝!

"어? 더위 때문에 여름방학 하지 않았나? 더워서 물놀이 신나게 했다면서? 난 더위 덕분에 걱정을 덜었는데. 장마철 뒤에 마른 더위가 있어야 벼가 쑥쑥, 열매가 알알이 자라거든. 안 먹고 살 수 있는 사람?"

"안 먹으면 다 죽어요!"

아이들은 동시에 고개를 좌우로 까딱 까딱, 합창하듯 "똑, 딱, 똑, 딱, 똑 꼴까닥." 한다.

"맞아요, 더위가 있어야 우리가 먹고 살 수 있어요. 생각해

보니까 더위가 고마워요."

'똑딱똑딱똑 꼴까닥'은 아이들에게 심어졌다. 유사 이래 최고의 풍요를 구가한다는 현대 지구촌에서 사람이 약 2초 반에 한 명꼴로 기아로 죽어가고 있다. 음식을 함부로 남겨 버리거나 편식이 심해 음식타박을 하는 어린이들에게 그 실상을 고갯짓 섞어 이야기해 주었다. 그 이야기의 되풀이만으로도 아이들은 먹을 수 있는 감사함을 깨달았고 남을 도울 수 있어야 사랑을 실천하는 사람다운 사람이 되는 거라는 걸 이해했다. 나눠주는 것도 어려서부터 배워 습관이 되어야 한다.

"더워야 강원도랑 홍수난 곳들이 빨리 말라요."

"너무 덥다고 학원도 쉬어요. 신나요."

"지금 더워서 짜증난 사람? 어, 더위가 어디 갔지?"

'복더위엔 손님이 호랑이보다 무섭다.'고 한 그 복더위가 우리를 에워싸고 있거나 말거나 우리는 더위를 잊고 놀았다. 마무리도 멋지게 짓는다.

"선생님식으로 말해볼래?"

"더위 덕분에 오늘 세 번이나 세수하고 세 번 세심했어요. 이젠 무딘 연필로 시를 쓸 거예요."

"난 이순신 장군이다. 덥다고 미리 예보하지 말라. 괜히 더 짜증날 뿐이다."

이제 아이들은 흰구름 동동 흘러가는 먼 하늘을 턱을 받치고서 느긋하게 바라본다. 방충망에 착 달라붙은 매미가 째르르 째르르 악착스레 소리지른다.

"매미는 왜 악쓰듯 울어댈꽁? 3년 넘어 긴긴 세월을 굼벵이로 구르다가 이 무더운 여름날 날개를 얻었단당. 환한 초록세상을 누리고 싶은데 어마나, 겨우 한두 주일 살다가 죽어야 한다넹. 그래서 죽기 전에 사랑 한 번 하려고 짝을 부르는 거랭. 싸랑하고 싶어, 싸랑하고 싶어, 이렇게 소리치는 거징."

"선생님, 매미소리가 하나도 안 시끄러워요. 사랑을 못하는 매미가 불쌍해요. 매미소리를 한참 들어 보니까 좀 슬픈 노래 같이 들려요."

지긋지긋한 무더위를 가지고 아이들과 함께 잘 놀았다. 생각하는 법 사는 법은 스스로 선택할 수 있는 것이다. 어떤 시간도 살아야 할 시간이고 지금 이 무더위도 반드시 걸어가야 하는 한 길목이다. 이러한 작은 시간이 쌓여 세월을 이루고 인생을 만든다.

저 들판의 벼들도 여름을 넘기 위해서 시련의 폭풍과 가파른 복더위를 겪어야 한다. 만경강 물줄기를 허리에 두른 한내들과 금만경 외야밋들엔 머잖아 꽃 같지도 않은 벼꽃이 달랑달랑 볍씨 끝에 필 것이다. 늙어가는 햇살 아래 들판길을 지나며 볍씨 영그는 달짝지근한 냄새를 들이마시게 될 것이다. 어린 모로 심어졌으나 장마와 복더위와 태풍을 견디며 짱짱하고 실팍한 벼로 살아남은 것들! 사람의 인생길에도 곳곳에 횡단로 고속질주로 우회로가 잠복되어 있다. 그러나 그 길엔 교통신

호등이 없다. 스스로 판단하여 걸어가야 한다.

건듯 건드리고 가는 바람결이 삽상하다. 볏잎들이 두렁콩잎들이 풀이파리들이 끼리끼리 살을 부비며 제각각 다른 소리와 향기를 발산한다. 생명예찬과 우주생동의 기운이 들린다. 천년만년 이어진 소리, 아니 태고의 소리다. 땅에 귀를 기울인다. 신비로운 삶의 소리와 생기가 들려온다. 나의 한 호흡이 달고 시원하다. 한여름의 고난 속에서 가을의 추수와 안식이 비롯된다. 잔서殘暑는 마무리를 잘해줄 시련이다.

석양이 머지않은가 보다. 하늘도 잠시 눈까풀을 간잔조롬하게 내려뜰 모양이다. 도시 가운데선 들리지 않던 소리를 듣고 잃어버린 생각의 갈피를 넘긴다. 본래 인생이란 그리 호락호락한 게 아니다. 난처難處 가운데 인생이 성숙한다.

미리 얽힌 진도사람의 혼

- 진도기행5

살아서나 죽어서나 인연이란 참 묘한 것이다.

진도의 옛사람과 어찌 나도 모르게 인연이 닿아서, 그들이 남긴 정신을 내가 여직 붙잡고 있는 것일까. 소전素荃 손재형孫在馨 선생과 시서화 삼절인 소치小癡 허련許鍊 선생과의 인연. 그 연분은 오래 전에 지나간 시간의 뒤안을 뒤적여야 한다.

내가 시와 수필로 예술의 길을 걸어온 지 어느 덧 31년. 자신 없기 짝 없고 익으려면 아직 먼 시의 길 문학의 길이며 한 번도 만족해본 적 없이 끙끙 앓는 길이다. 그러나 이 길을 갈 수밖에 없는 인연이 있어선지 나는 어린앳적부터 시서화의 분위기 속에서 자랐다. 예술을 저절로 이해하고 애호하고 책에 파묻혔다. 당연히 그림과 서예와 글짓기에 상을 받으며 자랐고 피아노와 가야금은 기초를 배웠다. 이 모두 시인묵객의 내

방이 잦았던 가정에서 절로 보고 배운 영향이었다.

일제강점기 때, 아버지는 전북체육인으로는 최초로 출향 상경한 야구선수이며 중앙청의 야구팀 코린Korin의 투수였다. 1958년, 내가 '이리국민학교' 4학년 꼬마일 때 어머니는 전북 최초로 서예초대전을 개최한 서예가였다.(자랑은 교만을 낳으니 겸손히 살아야 하며, 죽을 때 남이 자랑해줘야 진짜 자랑이라고 하신 부모님이 이미 모두 아니 계신다.) 예술애호가인 아버지의 손님인 시인묵객들은 어머니 솜씨의 주안상을 사이하고 고담활론高談闊論, 옛 시문과 시서화에 얽힌 일화들은 일미의 말[言]안주였다. 때론 묵향 가득히 일필휘지한 글씨를 벽에 줄줄이 걸어놓고 서법과 서체, 묵담을 논하기도 했다. 그 귀동냥은 나를 풍월 읊는 서당개로 만들어준 셈이랄까.

그때에 '매화 그림과 김홍도'의 얘기를 얻어듣고 특히 중국 당송8대가(고문진보古文眞寶를 외우기도 했다.)와 시서화의 명인들에 대해 귀동냥한 것이 많았은 즉, 구양수의 '시다궁이후공설詩多窮以後工說'이나 궁형宮刑을 당하고 눈이 먼 사마천의 ≪사기史記≫ 집필에 대해서도 기막혀하며 새겨들었다. 그때부터 문장가, 예술인의 고난을 이해했다고나 할까.

1960년대 초. 부친은 소전 선생을 초대하여, 이리(지금의 익산)의 서예가들인 석당石堂 고재봉, 남정南丁 최정균, 여산如山 권갑석 선생과 함께 우리 집에서 휘호를 한 적이 있었다. 그때 어머니께서 하신 말씀이 생생하다. "생전 처음으로 붓을 잡은 손이 떨리더라!"고. 진사進士이신 외조부의 막역지우인, 진사 유벽운柳碧雲 선생께 사사하여 붓을 쥔 지 삼성상三星霜을 지난 어머니의 연세 사십대. 세상에 겁날 것 없다는 나이, 중년 때였다.

소전 선생은 〈인자무적仁者無敵〉과 〈정좌관심靜坐觀心〉을 세로로 썼는데 아호와 성함을 기름하고 늘씬하게 썼다. 선생의 글씨는 날짱하고 붓자국의 강약이 미술적이었다. 지금도 그 특징을 얼른 알아챈다.

그런데 그분이 바로 진도출신인 걸 이제야 알았다. 왜냐하면 '글씨는 전북이고 그림은 전남'이라고 들었기 때문이다. 게다가 결혼 후 여자의 생활이라니, 바로 자기가 없는 아니 죽는 삶이지 않은가. 소전 선생의 글씨 중 누구나 만날 수 있는 것은, 고창 선운사의 부도전에 있는 '화엄종주대종사비' 비문이다. 비碑의 뒷면은, 모친 정휴당貞休堂과 한 고향 출신이며 현대 한국서예의 대가인 강암剛菴 송성용宋成鏞 어른의 글씨다.

존경하는 이 서예묵객들 모두 타계하셨으니 썰렁하기 그지없다. 나를 가장 귀애하신 석당 선생은 내가 대학시절에 지천명知天命도 못 넘기고 가시고, 몇 년 전 남정, 강암 선생이 연이어 타계하셨다. 나의 어머니 정휴당貞休堂, 여산 선생은 작년에 선서하셨다. 석당의 글씨는 강건하고 두터우며 활달하고 남정의 글씨는 일본풍인 양 자잘하고 섬세하며 여산의 글씨는 조심스럽고 더딘 붓질이라고, 웃으며 비평을 나누던 애기가 아직도 들리는 듯하다. 작년 가을엔 '예술의 전당' 별관에서 가진 〈남정 유작서예전〉에 올라가 선생님의 작품과 사모님을 뵈었다. 그리운 어머니와 고향의 서예가들 이름 곁에는 늘 진도사람 소전 선생이 나란히 어른거렸다.

이제, 진도에서 나서 바람처럼 떠돌다가 진도로 귀향한 소치小癡 선생을 그리워할 차례다.

소치 선생의 친손인 남농南農 허건許楗 선생도 부모님과 교류가 있었으니 강암, 우당又堂, 유당幽堂, 허남전許藍田 선생과 더불었다. 이분들은 화畵에 능했다. 어쩌다 찾아뵙곤 할 때면 강암 선생께서 젊은 날의 이야기를 해 주셨다.

"상현 씨는 외조를 잘하는 진짜 멋쟁이였지. 지프차로 어머니를 모시고 요정에 턱 하니 나타나곤 헌 게 어머니께 함부로 농도 못했어."

어머니가 남성이었다면 어땠을까. 외양은 섬섬옥수, 단아한 백자 같은 여성이지만 호연지기를 느끼게 해 준 정휴당. 글씨가 활달하고 정기가 있고 탐구심이 느껴지는 모친의 글씨를 보고 있노라면 바람찬 기운을 느낀다. 이런 부모와 서화우書畵友를 통해 소치의 일생 행적을 맛나게 들었으니 당연히 초의선사草衣禪師와 추사秋史 김정희金正喜의 일생一生, 일화逸話도 정서의 뿌리가 된 셈이다. 차茶와 시서화는 늘 나의 일상생활 속에 있었다. 학교의 선생님들은 '명필 집안의 명필 딸'이라고 칭찬도 서슴지 않았다. 이런 영향으로 나는 시를 깐깐하게 지으려 애쓰고, 어머니가 행초서行草書를 쓰는 붓 내리듯이 수필을 쓰려고 노력한다.

해마다 정월이 오면 안방 벽에 서화를 바꿔 건다. 어머니가 반행으로 쓰신 〈매일생한불매향梅一生寒不梅香〉 서액-나는 유독 어머니의 행서 매梅자와 연蓮자를 좋아한다. -과 소치의 화첩도의 진품 〈매화도〉로. 그리고 창窓 안쪽 햇빛자리에 30여년 동거한 매화梅花 화분을 들여놓는다. 이것들은 내 심전心田의 매화가 현신한 것들이라고나 할까.

나는 매화같이 살았다. 시와 수필을 쓰는 사람이므로 매화같이 산 삶이 부끄럽지 않고 다행하다. 매화를 문인목 또는 호문목好文木이라고 하지. 매화는 한고寒苦에도 결코 제 향기를 팔지 않지. 시문은 문자로 쓰는 그림이며 서예의 깊은 뜻이다. 서화는 그림과 선으로 표현하는 시문이다. 저 화분 곧 자연은 지고한 시문이며 최고의 그림이 아니겠는가. 소치 선생은 특히 구양수歐陽脩의 가르침을 받들었는데 '고화서의불화형古畵書意不畵形'이었다. 나도 문학을 이룸에 이러하기를 바란다.

소치 선생이 지천명知天命에 귀향하여 마련한 운림산방雲林山房은 소박하고 예술가의 집다이 청림靑林에 안겨 있다. 완당阮堂 은사는 소허암小許庵이라고 현판을 써 주셨다. 그런데도 선생은 그 집을 두고도 안거하지 못하고 떠돌아다니곤 했다. 그는 섬사람. 뭍을 그리워하는 게 천형天刑이었을까. 지금 내가 사는 전주에도 한때 살았고, 은사인 추사 선생을 찾아 망망히 머나먼 바닷길을 여러 번 갔다가도 머물지 못했다. 조선조

헌종憲宗 임금의 사랑을 받아 어연御硯의 먹으로 그림을 그렸지만 그도 부질없다며 방황했다. 그는 바닷바람의 혼을 타고난 것일까. 무얼 찾아 이리저리 떠돌았을까. 모두가 부질없다는 걸 깨닫기 위해서였을까. 살아볼수록 점점 그러한 것을 나도 조금 알겠다.

그가 그린 산수도山水圖처럼 간결하고 운치로운 운림산방에 춘수春水가 만당滿塘하면 그 뜨락에 연향이 그윽하겠지. 추사의 글씨인지 소치의 글씨인지 나로서는 구별이 아니 가는 연화부蓮花賦를 펼쳐 소리내어 읽어 본다. 초겨울 밤이 길다. 우리집 발코니의 백련화 줄기는 이미 목을 꺾고 다갈색으로 퇴색하여 겨울잠에 들었다. 시인묵객 어느 벗 하나 오지 않는다 해도 백련차를 우려 손에 들어야겠다.

청림에 묻혀 백발白髮의 소치 선생이 풀잎처럼 흔들리며 시를 읊고 있다.

보이지 않는 인연의 끈이 나로 하여금 그의 매화도를 눈부처 삼게 한다.

미리 얽힌 인연의 혼이 진도 그곳을 생각나게 한다.

▒ 연보

•문단이력

1978년	전북여성백일장(전라북도여성회관 주최) 입상
1980년	≪전북문학≫에 詩 〈서로가 서로를 원하는 이유는〉 발표로 문단활동 시작
1988년	≪시문학≫에 천료 (문덕수 선생 추천)
1990년~	≪전북수필≫ 동인
1992년~	〈영호남수필문학회〉 동인
1991년~1995년	대한주부클럽연합회 전북지회 문예대학 강사
1992년	여성문학동인 〈끈〉 창립. 지도강사.
1993년~1995년	〈끈〉엔솔로지 ≪작은 이야기들≫ 1~6집 발행
1995년~2006년	〈끈〉동인지 12권 발간
1998년~1999년	전주시 금암도서관 문학반 강사 수료생 사화집 ≪더디 피는 꽃≫ 1집, 2집 엮음
2004년~	≪수필세계≫ 편집위원
2006년~	≪수필과비평≫ 편집위원
2007년~	≪지구문학≫ 편집위원
2008년	전북시인협회 편집고문
2009년~	≪표현≫ 편집위원

•소속문학단체

2010년 현재 〈한국문인협회〉, 〈국제PEN한국위원회〉
〈현대시인협회〉, 〈한국시문학시인회〉
〈전북PEN위원회〉, 〈전북문인협회〉
〈전북시인협회〉, 〈전북수필문학회〉
〈전주문인협회〉, 〈영호남수필문학회〉

•활동

1978년 전북여성문학동인 〈글벗〉창립
1987년~ 〈아이글아이마음〉 문학지도강사
문학강좌 초청강사, 문학에 관한 방송 활동
1996년 어린이 문집 ≪세상에서 가장 중요한 글자≫ 발간
2005년 어린이 문집 ≪뿐지 마음 뿐지 생각≫ 발간
2005년~2009년 아동문학잡지 ≪소년문학≫ 글평 담당
2006년 전북예총 지역문화예술 문학담당 강사
≪애들아, 동시랑 놀자;2006≫ 발간
≪아이들 노래;2007≫ 발간
2006년~2008년 한국예총 부안지부 문학강사
교육생작품집 ≪솔바람 소리≫ 3권 발행
2009년 어린이문집 ≪뿐지는 어른의 천국이다≫ 발간
중학생문집 ≪너희의 생각이 희망이다≫ 발간
전주시립도서관 문학반 강사
(한국도서관협회, 문학관광부 후원)
어린이문집 ≪외톨이 햅쌀들≫ 발간

•수상

1990년	전라북도지사 감사패
1992년	제10회 노령봉사상 대상(전북문화원연합회)
1994년	한국예술인총연합회 공로상
1995년	한국문인협회 전북지회 공로패
1996년	제8회 전북문학상 (전북문인협회)
1998년	제1회 박태진문학상, 제9회 풍남문학상 본상
2000년	제3회 녹색시인상 (한국녹색시인협회)
	전주시 문학예술창작지원도서 ≪그리운 상처≫
2002년	제14회 백양촌문학상
2006년	신곡문학상 본상 (수필과비평사)
2008년	전북예술상 (전북예술인총연합회)

•작품집

시 집	≪서로가 서로를 원하는 이유는≫ 시문학사
	≪세상엔 용서해야 할 것이 많다≫ (전자시집)
	≪세상엔 용서해야 할 것이 많다≫ 한국문연
	≪누구의 밥숟가락이냐≫ 계간문예
시선집	≪그리운 상처≫ 시와산문사
수필집	≪生놀이≫ 시와산문사 1997, 세손 1998
	≪틈≫ 수필과비평사
	≪아무것도 아닌 것들≫ 수필과비평사
	≪생각 한 잔 드시지요≫ 수필과비평사
화시집	≪빛 · 마하 · 生成 : 망백 화가와 이순 시인의 화시집≫

현대수필가 100인선 · 68
김용옥 수필선

찔레꽃 꽃그늘 속으로

초판인쇄 | 2010년 9월 10일
초판발행 | 2010년 9월 20일

지은이 | 김 용 옥
펴낸이 | 서 정 환
펴낸곳 | 좋은수필사

주 소 | 서울시 종로구 익선동 30-6
운현신화타워 빌딩 3층 305호
전 화 | 02)3675-5635, 063)275-4000
등 록 | 1984년 8월 17일 제28호
홈페이지 | http://www.shinapub. co. kr
e-mail | essay321@hanmail.net

값 7,000원

ISBN 978-89-5925-337-1 04810
ISBN 978-89-5925-247-3 (전 100권)